Abenteuer Natur

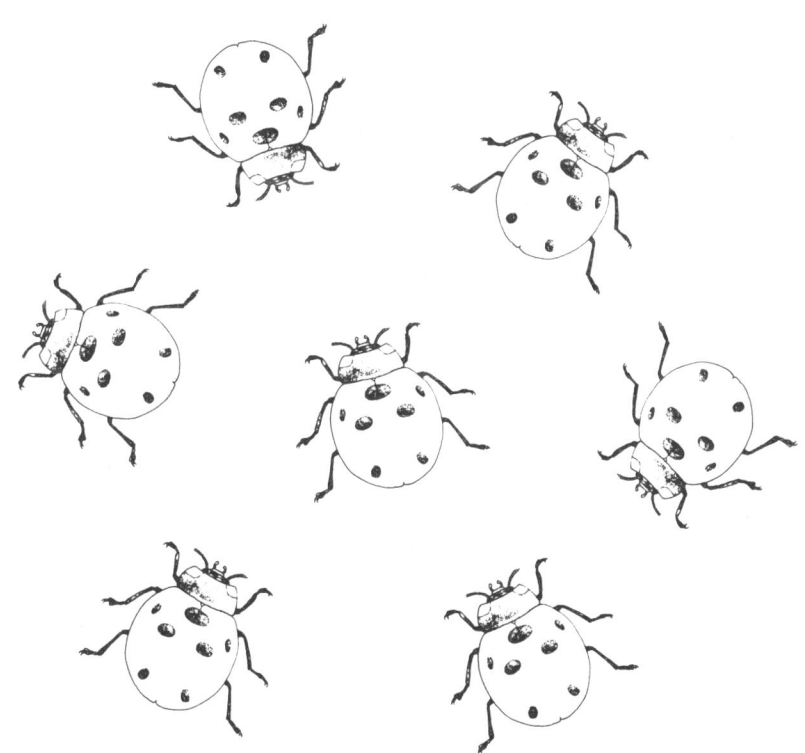

Owen Bishop

Abenteuer Natur

Kleine Tiere –
selbst erforscht

Kosmos
Gesellschaft der Naturfreunde
Franckh'sche Verlagshandlung
Stuttgart

Abenteuer Natur

Kleine Tiere – selbst erforscht

Aus dem Englischen übersetzt und bearbeitet von Dr. Bruno P. Kremer.
Titel der Originalausgabe „Adventures with Small Animals", erschienen bei John Murray (Publishers) Ltd., London unter ISBN 0-7195-3944-7 und ISBN 0-7195-3930-7 Pbk
© 1982 John Murray (Publishers) Ltd., London

Mit 142 Schwarzweiß-Zeichnungen von Norman Parker und 1 Schwarzweißbild von Burkard Kahl.
Umschlaggestaltung von Edgar Dambacher unter Verwendung einer Farbzeichnung von Marianne Golte-Bechtle.

CIP-Kurztitelaufnahme der Deutschen Bibliothek

Bishop, Owen:
Kleine Tiere – selbst erforscht / Owen Bishop.
[Aus d. Engl. übers. u. bearb. von Bruno P. Kremer.
Mit 142 Schwarzweiss-Zeichn. von Norman Parker].
– 2 . Aufl. – Stuttgart : Franckh, 1987.
(Abenteuer Natur)
Einheitssacht.: Adventures with small animals
⟨dt.⟩
ISBN 3-440-05550-7
NE: Kremer, Bruno P. [Bearb.]

2. Auflage
Franckh'sche Verlagshandlung, W. Keller & Co., Stuttgart 1987
Das Werk einschließlich aller seiner Teile ist urheberrechtlich geschützt. Jede Verwertung außerhalb der engen Grenzen des Urheberrechtgesetzes ist ohne Zustimmung des Verlages unzulässig und strafbar. Das gilt insbesondere für Vervielfältigungen, Übersetzungen, Mikroverfilmungen und die Einspeicherung und Verarbeitung in elektronischen Systemen.
© 1985, Franckh'sche Verlagshandlung W. Keller & Co., Stuttgart
Printed in Germany, Imprimé en Allemagne
L 14 H ry / ISBN 3-440-05550-7
Gesamtherstellung: Brönner & Daentler KG, 8078 Eichstätt

Es ist unmöglich, in einem Buch dieses Umfangs alle kleinen Tiere zu beschreiben und von den Eigenarten ihres Lebens zu berichten. Wir haben uns daher in der Hauptsache mit den Insekten befaßt, die zu den artenreichsten und häufigsten Bewohnern der Erde gehören. Insekten kann man überall finden, und mit geringem Aufwand kann man ihre Entwicklung und ihr Verhalten sehr gut verfolgen und beobachten.

Insekten entwickeln sich auf zweierlei Weise: Schmetterlinge, Käfer, Ameisen oder Fliegen machen eine vollständige Entwicklung durch, d. h., aus dem Insektenei schlüpft nach einiger Zeit eine Larve. (Schmetterlingslarven nennt man Raupen, Käferlarven manchmal Engerlinge, Fliegenlarven Maden.) Die Larven wachsen heran und häuten sich mehrere Male, wobei sie jedesmal ihre zu eng gewordene Haut abstoßen. Wenn eine Raupe oder eine Made erwachsen ist, verpuppt sie sich. Eine Insektenpuppe nimmt keine Nahrung auf und bewegt sich fast nicht. Dennoch ist sie in der Puppenhülle eifrig damit beschäftigt, ihren Körper völlig umzugestalten. Nach Beendigung der Puppenruhe reißt die äußere Hülle auf, und aus der Puppenhaut schlüpft das fertige, erwachsene Insekt (Imago), dessen einzige Aufgabe darin besteht, für Nachkommen zu sorgen, also einen Partner zu suchen und sich zu paaren. Die Weibchen legen dann nach einiger Zeit Eier, und der Kreislauf der Entwicklung beginnt wieder von vorn.

Andere Insekten, wie Blattläuse, Heuschrecken oder Libellen, machen eine unvollständige Entwicklung durch. Aus den Eiern dieser Insekten schlüpfen keine Larven von der Gestalt der Raupen oder Maden, sondern eine Nymphe, die dem erwachsenen Tier schon sehr ähnlich sieht. Nur ist sie noch viel kleiner, besitzt noch keine Flügel, ist anders gezeichnet und gefärbt und kann sich auch noch nicht fortpflanzen. Die Nymphen nehmen Nahrung auf und wachsen über mehrere Häutungen heran. Mit den letzten Häutungen werden auch allmählich die Flügel entwickelt. Nach der letzten Häutung ist das erwachsene Tier fertig. Es kann seine Flügel gebrauchen und ist zur Fortpflanzung fähig. Nach der Paarung legen die Weibchen ihre Eier ab, und der Entwicklungszyklus beginnt von vorn.

Bei manchen Insekten – wie den Blattläusen – (siehe Kapitel 4) kann das Eistadium zu bestimmten Jahreszeiten einfach ausgelassen werden, statt dessen werden gleich kleine Nymphen entlassen.

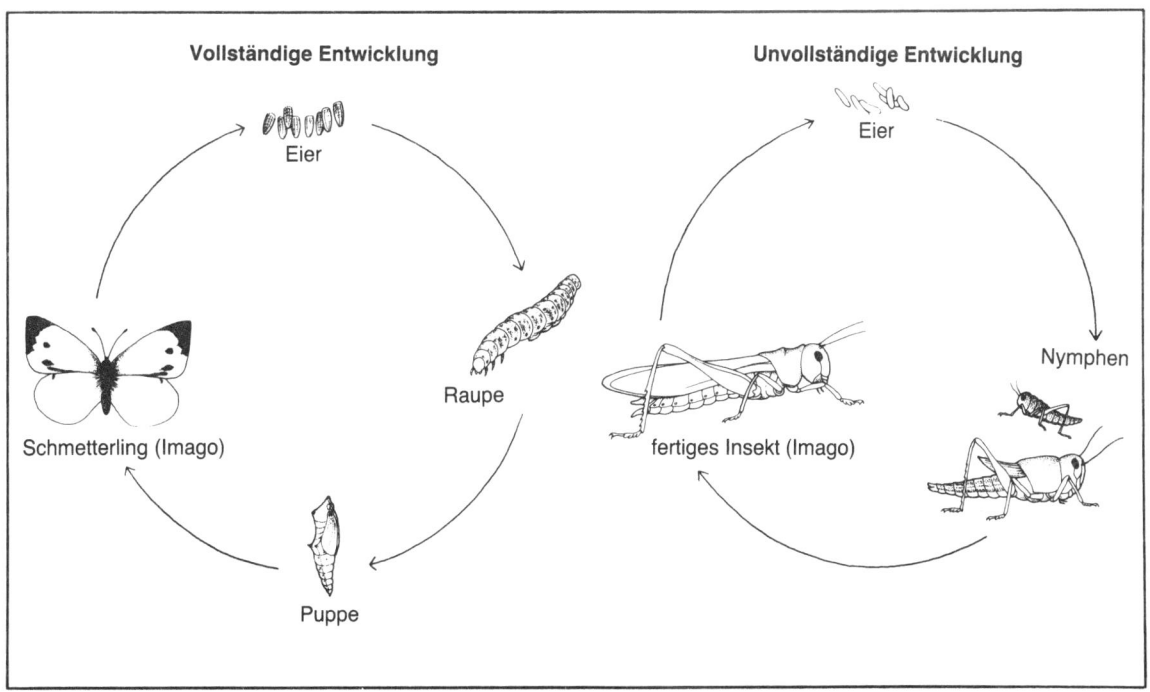

Vollständige Entwicklung — Unvollständige Entwicklung

Eier — Eier

Raupe — Nymphen

Schmetterling (Imago) — fertiges Insekt (Imago)

Puppe

1 Spinnennetze

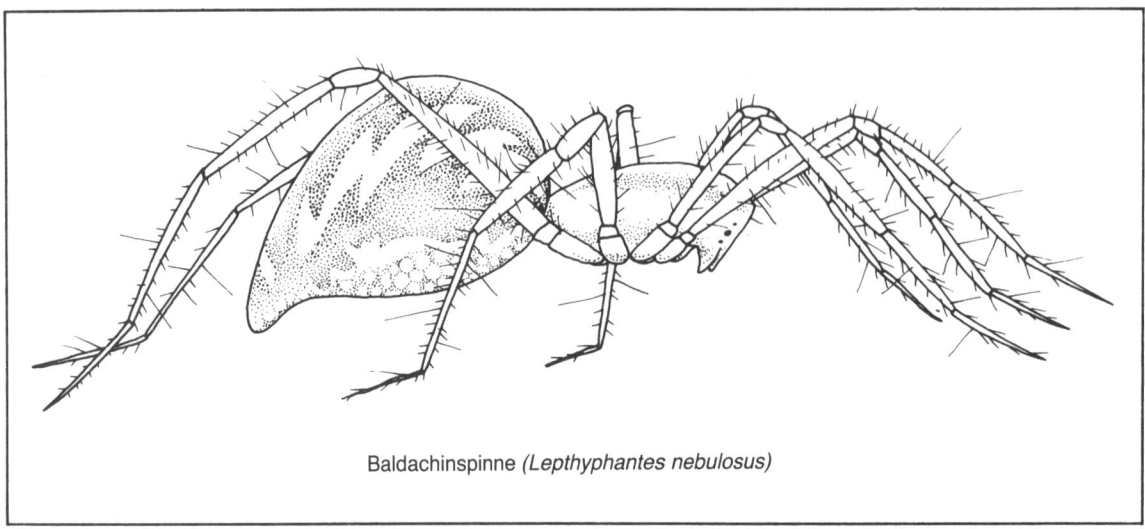

Baldachinspinne *(Lepthyphantes nebulosus)*

Spinnen leben räuberisch und ernähren sich von anderen Kleintieren, vor allem Insekten. Man unterscheidet hier aktive Räuber, die ihre Beute erjagen, wie z. B. die Wolfsspinnen, die am Boden leben, sehr rasch laufen können und ihrer Beute nachjagen, oder die Springspinnen, die sich vorsichtig an ihre Opfer heranpirschen oder versteckt abwarten, bis die Beute nahe genug herangekommen ist, dann springen sie plötzlich vor, lähmen ihr Opfer und verzehren es. Zu den passiven Räubern gehören alle die Spinnen, die zum Beutefang kunstvoll gebaute Netze anfertigen. Mit dieser Gruppe wollen wir uns in diesem Abschnitt etwas näher beschäftigen.

Spinnen findet man draußen bis auf die kalten Wintermonate praktisch zu jeder Jahreszeit, die besten Monate für die Beobachtung sind jedoch der August und der September.

Was wir brauchen

Für unsere Beobachtungen benötigen wir:
Einen genügend großen Behälter als Wohnung für die Spinnen
2 kleinere Gläser (z. B. leere Marmeladengläser), davon eines mit Deckel zum Einfangen der Spinnen und das andere als Vase für frische Zweige
Eine flache Plastikschale oder einen Plastikdeckel als Wasserbecken
Ein paar grüne, beblätterte Zweige

Mehrere stärker verzweigte Ästchen
Etwas Gartenerde
Ca. 1 m Eisendraht (um 1 mm Durchmesser)
Etwas schwarzen Bastelkarton
Klebeband

Der Spinnenkäfig

Vor dem Beginn des „Käfigbaues" sollte man 3 Dinge besonders beachten:
1 Der Behälter muß groß genug sein, damit die Spinne darin ein Netz bauen kann. Dazu sehen wir uns draußen am besten ein paar Spinnennetze an.
2 Der Behälterboden muß fest sein, d. h., er muß eine dünne Lage feuchte Gartenerde halten können, ohne aufzuweichen.
3 Die Seitenwände sollten aus Glas oder einem anderen durchsichtigen Material sein, damit man das Spinnennetz auch möglichst von allen Seiten beobachten kann.

Ein Gefäß, das sich als Käfig eignet, läßt sich sicherlich auftreiben. Ideal sind beispielsweise Plastikaquarien, Keimboxen oder durchsichtige Kühlschrankdosen. Es gibt jedoch auch viele Möglichkeiten, sich einen geeigneten Behälter selbst herzustellen, wenn man etwas Phantasie entwickelt und ersatzweise auch solche Dinge verwendet, die man nicht eigens kaufen muß, weil sie zu Hause ohnehin vorhanden sind. Hier sind nur zwei

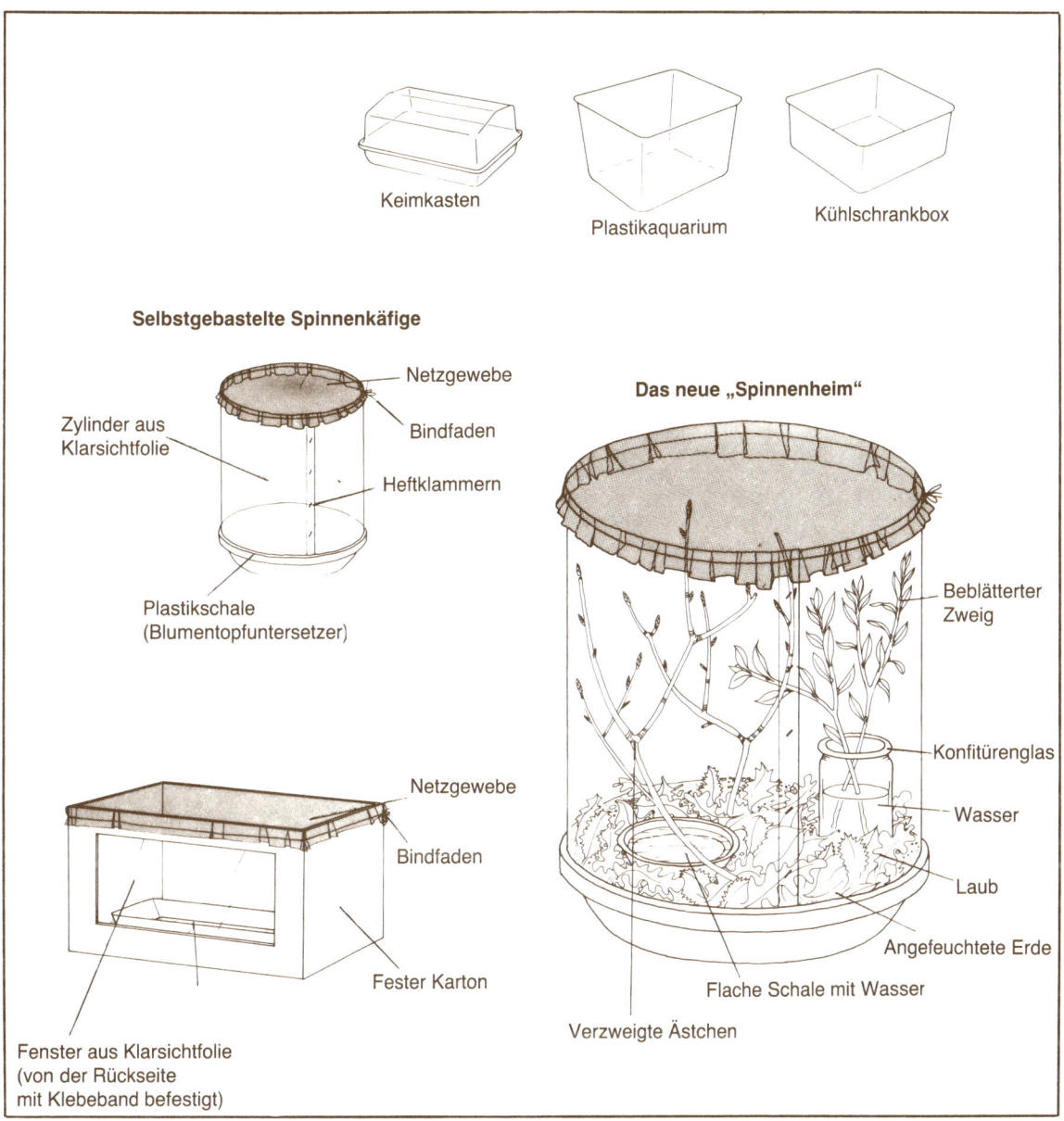

Keimkasten

Plastikaquarium

Kühlschrankbox

Selbstgebastelte Spinnenkäfige

Netzgewebe

Bindfaden

Zylinder aus
Klarsichtfolie

Heftklammern

Plastikschale
(Blumentopfuntersetzer)

Das neue „Spinnenheim"

Beblätterter
Zweig

Konfitürenglas

Wasser

Laub

Angefeuchtete Erde

Flache Schale mit Wasser

Verzweigte Ästchen

Netzgewebe

Bindfaden

Fester Karton

Fenster aus Klarsichtfolie
(von der Rückseite
mit Klebeband befestigt)

Beispiele aufgezeichnet, wie man aus starker Klarsicht-folie oder einem Karton selbst einen Käfig zusammen-bauen kann. Egal ob gekaufter oder gebastelter Käfig, der „Deckel" muß luftdurchlässig sein! Fliegendraht oder ein passend zugeschnittener Gardinenrest eignen sich hierfür hervorragend!

Ist der Käfig fertig oder gekauft, geht es an die Einrich-tung, die aus den Boden bedeckender, leicht feuchter Erde plus Laub, einigen trockenen, verzweigten Äst-chen, einer flachen Schale mit Wasser und einem mit Wasser gefüllten Marmeladenglas besteht, in das man einige grüne Zweige einstellt.

Hat man ein Spinnennetz entdeckt, muß als nächstes die Spinne selbst gefunden werden. Oft wartet die Spinne in einer bestimmten Ecke ihres Netzes auf ein Beutetier, auf eine Fliege vielleicht, die sich in den Netzmaschen verfängt. Wenn keine Spinne zu sehen ist, sollte man einmal ganz vorsichtig an das Netz tippen. Die Spinne spürt solche feinen Erschütterungen sofort und eilt über ihren Signalfaden herbei, um nachzusehen, was es an ihrem Netz gibt. Manche netzbauenden Spinnen ver-stecken sich hinter Baumrinden, andere auf der Unter-seite von Blättern und manche sogar in einem besonde-ren Tunnel, den sie als Teil ihres Netzes anlegen.

Es ist meist nicht schwer, die Spinne einzufangen. Aufgestörte Spinnen seilen sich oft von ihrem Netz ab. In diesem Fall braucht man nur das offene Glas darunterzuhalten, und die fliehende Spinne wird direkt darin landen. Zwei Spinnen im gleichen Käfig sind sich so „spinnefeind", daß wahrscheinlich die eine die andere töten wird! Also stets nur eine Spinne in ein Gefäß setzen!

Bald wird die Spinne in ihrem neuen Heim mit dem Netzbau beginnen, und jetzt sollte man genügend Zeit und Geduld aufbringen, um das Entstehen dieser zarten Gewebe verfolgen zu können. Dabei gibt es je nach Familienzugehörigkeit der Spinnen verschiedene Netztypen und Bauweisen.

Bei den Radnetzspinnen wird das Netz nach einem festen Plan angelegt, der von Art zu Art jedoch etwas variiert. Man kann verschiedene Bauphasen verfolgen:

1 Zuerst werden die Speichen des Radnetzes angelegt und an Ästen, Zweigen oder anderen Haltepunkten befestigt. Wie viele Netzspeichen sind es?

2 Die äußeren Enden der Netzspeichen werden miteinander verbunden und bilden die äußere Begrenzung des Netzes.

3 Nun werden weitere Netzspeichen eingebaut. Wie viele sind es?

4 Jetzt wird in der Netzmitte die Radnabe in Form einer besonders eng umlaufenden Spirale angelegt.

5 In einigem Abstand davon webt die Spinne eine große Hilfsspirale, auf der sie sich dann bewegen kann, wenn sie ihren Fangfaden (Klebespirale) einzieht. Beginnt die Spinne mit der Hilfsspirale bei der Nabe des Radnetzes und bewegt sich allmählich zum Netz-

rand oder umgekehrt? Webt sie die Hilfsspirale im Uhrzeigersinn oder umgekehrt? Fallen die Antworten auf diese Fragen für die gleiche Spinne oder die gleiche Spinnenart immer gleich aus? Gibt es Unterschiede für verschiedene Spinnen(arten)?

6 Nach der Hilfsspirale wird eine weitere engere Spirale (Klebespirale) gefertigt. Webt die Spinne sie von innen nach außen oder umgekehrt? Was geschieht mit der Hilfsspirale?

7 Zum Schluß legt die Spinne einen Signalfaden vom Nabenbereich des Netzes zu ihrem Versteck. Gibt es bei allen Radnetzen diesen Signalfaden? Wo versteckt sich die Spinne nach Fertigstellung des Radnetzes?

Wir sollten versuchen, die verschiedenen Bauabschnitte des Spinnennetzes in einfachen Strichskizzen festzuhalten. Auch die Zeit, die das Tier für die einzelnen Bauphasen benötigt, ist ein interessanter Faktor. Wie lange braucht eine Spinne für den gesamten Netzbau? Einige Netzfäden zeigen feine Tröpfchen einer klebrigen Flüssigkeit, mit der kleine Insekten festgehalten werden. Welche Fäden sind klebrig und welche nicht?

Ein Radnetz kann man in seinen Einzelheiten oft viel besser beobachten, wenn man es über einen Drahtrahmen zieht. Das ist nicht ganz einfach, aber auch nicht unmöglich. Wir biegen uns aus Eisendraht eine große Schleife zurecht, die etwas größer ist als das Spinnennetz. Jetzt bringen wir diese Drahtschleife hinter das Radnetz und führen sie langsam heran, so daß alle Hauptspeichen sie ungefähr gleichzeitig berühren. Das „eingefangene" Spinnennetz wird mit dem Drahtrah-

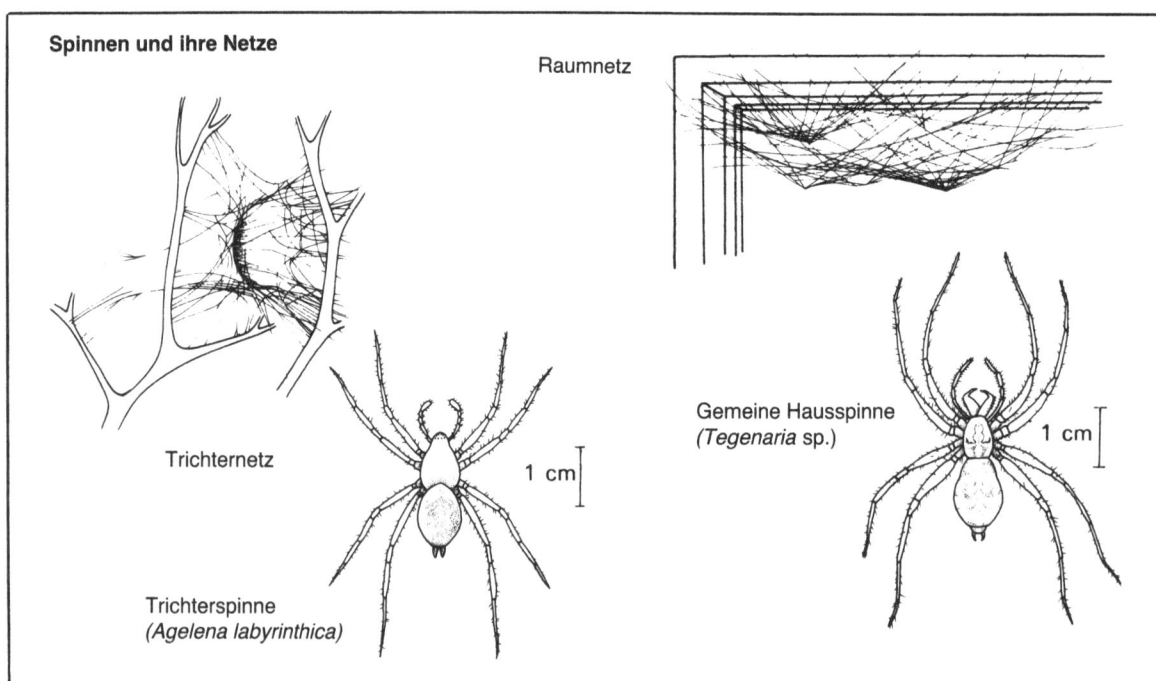

Spinnen und ihre Netze

Raumnetz

Trichternetz

Trichterspinne
(Agelena labyrinthica)

1 cm

Gemeine Hausspinne
(Tegenaria sp.)

1 cm

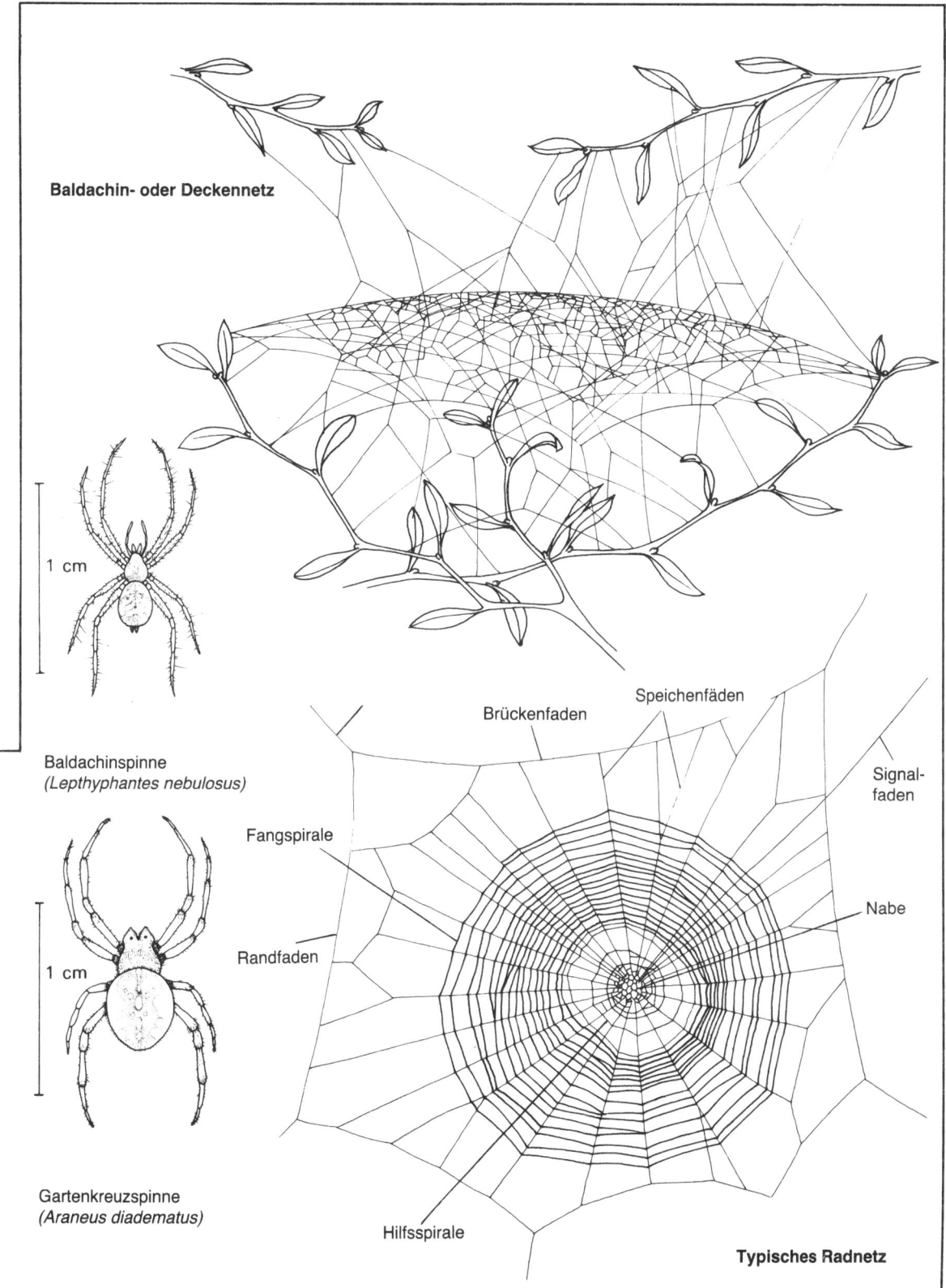

Baldachin- oder Deckennetz

1 cm

Baldachinspinne
(Lepthyphantes nebulosus)

1 cm

Gartenkreuzspinne
(Araneus diadematus)

Brückenfaden

Speichenfäden

Signal-
faden

Fangspirale

Nabe

Randfaden

Hilfsspirale

Typisches Radnetz

9

men noch ein wenig weiter nach vorne gezogen, so daß die Aufhängefäden von ihren Haltepunkten abreißen. Noch besser kann man die Einzelheiten eines Netzes beobachten, wenn man das Radnetz auf einem schwarzen Karton auffängt. Besonders gut klappt es, wenn man den Kartonrand mit einem doppelseitig klebenden Band versehen hat.

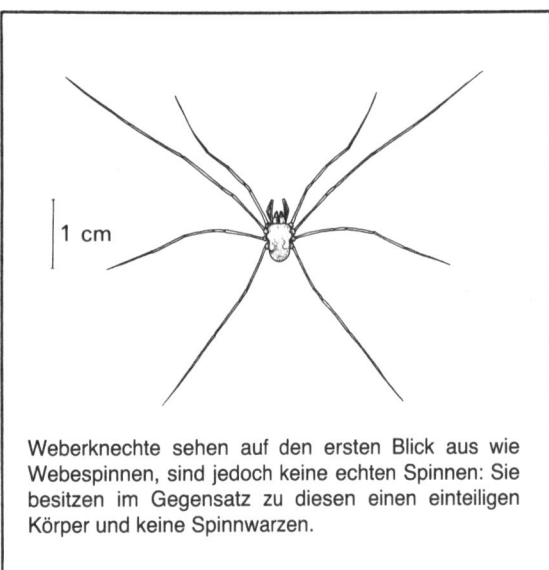

1 cm

Weberknechte sehen auf den ersten Blick aus wie Webespinnen, sind jedoch keine echten Spinnen: Sie besitzen im Gegensatz zu diesen einen einteiligen Körper und keine Spinnwarzen.

Außer dem bekannten Radnetz gibt es noch verschiedene andere Netztypen, z. B. einfache Raumnetze, Haubennetze, Trichternetze oder Baldachinnetze. Woher erhielten diese Netze ihre Bezeichnung? Wir sollten versuchen, verschiedene Netztypen zu finden, die dazugehörige Spinne einzufangen und zu Hause die verschiedenen Bauabschnitte der einzelnen Netze genauer zu beobachten. Sind die Netze klebrig oder nicht? Wir sollten auch einmal kleine Insekten auf die Netze setzen und beobachten, wo und wie sie dort festgehalten werden, bevor die Netzeigentümerin herbeigeeilt ist. Was passiert mit dem gefangenen Tier? Was geschieht mit zerstörten Netzteilen? Werden sie genauso wieder hergestellt, wie sie vorher waren?

Füttern nicht vergessen!

Spinnen können zwar mehrere Tage lang ohne Nahrung leben, möchte man das Tier jedoch längere Zeit im Zimmer halten, so muß man für Nahrungsnachschub sorgen. Dazu fangen wir Fliegen, Stechmücken oder andere kleine und häufige Insekten und setzen sie lebend in den Spinnenkäfig. Wenn die umherkrabbelnden Insekten sich auf oder am Netz verfangen, beginnen sie, um ihre Freiheit zu zappeln, das gesamte Netz wird erschüttert. Dieses Signal erregt die Neugier der Spinne, die meist ziemlich rasch herbeikommt, sich über die Beute hermacht und sie mit einem gezielten Biß lähmt. Wie verfährt die Spinne mit der Beute? Verzehrt sie ihre Nahrung sofort oder wird das Beutestück zunächst in Klebefäden eingewickelt und weggehängt? Wie lange dauert es, bis die Spinne dann an diese Vorräte geht? Wie viele Insekten verzehrt die Spinne an einem Tag? Was geschieht mit dem Beuteüberfluß?

Wenn man den Netzbau der eingefangenen Spinne beobachtet hat und ihre Webtechnik kennt, sollte das Tier wieder an der Stelle freigelassen werden, an der man es eingefangen hat!

Weiterführende Literatur

JONES, D.: Der Kosmos-Spinnenführer. Kosmos-Verlag, Stuttgart 1984
KULLMANN, E., H. STERN: Leben am seidenen Faden. Kindler Verlag, München 1981
PFLETSCHINGER, H.: Einheimische Spinnen. Kosmos-Verlag, Stuttgart 1983

Im Wasser von Bächen, Flüssen, Tümpeln und Weihern findet man eine Vielzahl kleiner und kleinster Wassertiere, deren Beobachtung äußerst interessant und lohnenswert ist. Die Tiere an Ort und Stelle zu beobachten, ist oft ungeschickt und unbequem. Aus diesem Grund richten wir uns zu Hause ein oder mehrere Mini-Aquarien ein, in denen wir diese Tierchen in aller Ruhe betrachten und beobachten können.

Es ist oft viel besser, viele kleine Aquarien anstelle eines größeren einzurichten, denn man kann in kleinen Gefäßen, in denen nur wenig Wasser ist, kleine Wassertiere viel bequemer sehen und beobachten. Tiere, die sich räuberisch von anderen Kleintieren ernähren, sollte man auf jeden Fall getrennt halten, da sonst im Mini-Aquarium bald nur noch diese Tiere zu sehen sind. Kleine Wassertiere kann man bequem in leeren Konserven- oder Konfitürengläsern halten, in Plastikdosen, Kühlschrankboxen, kurz in allen wasserdichten Behältern. Flache Gefäße sind dabei wesentlich besser geeignet als hohe und tiefe.

Was wir brauchen

Ein Stück kräftigen, steifen Karton im Format von etwa 40 × 15 cm für jedes geplante Becken oder entsprechend zugeschnittene Stücke Sperrholz, Faserplatte oder Kunststoff

Eine Rolle oder **Packung Butterbrottüten** aus durchsichtigem Polyäthylen

Für jedes Becken **ein großes, kräftiges Gummiband** (Einmachring oder ähnliches)

Klebematerial zum Zusammenfügen der Kartonteile (z. B. UHU-hart) oder, wenn man Sperrholz verwendet, etwas Kaltleim (z. B. Ponal) und ein paar sehr kleine Nägel

Einen größeren Vorrat an Gläsern oder Plastikbehältern mit Schraubdeckel oder Schnappverschlüssen

Ein Planktonnetz (siehe Skizze) für den Fang kleiner Wassertiere aus Teichen oder Bächen

1–2 Aquariennetze für das Umsetzen der Tiere von einem Gefäß in ein anderes

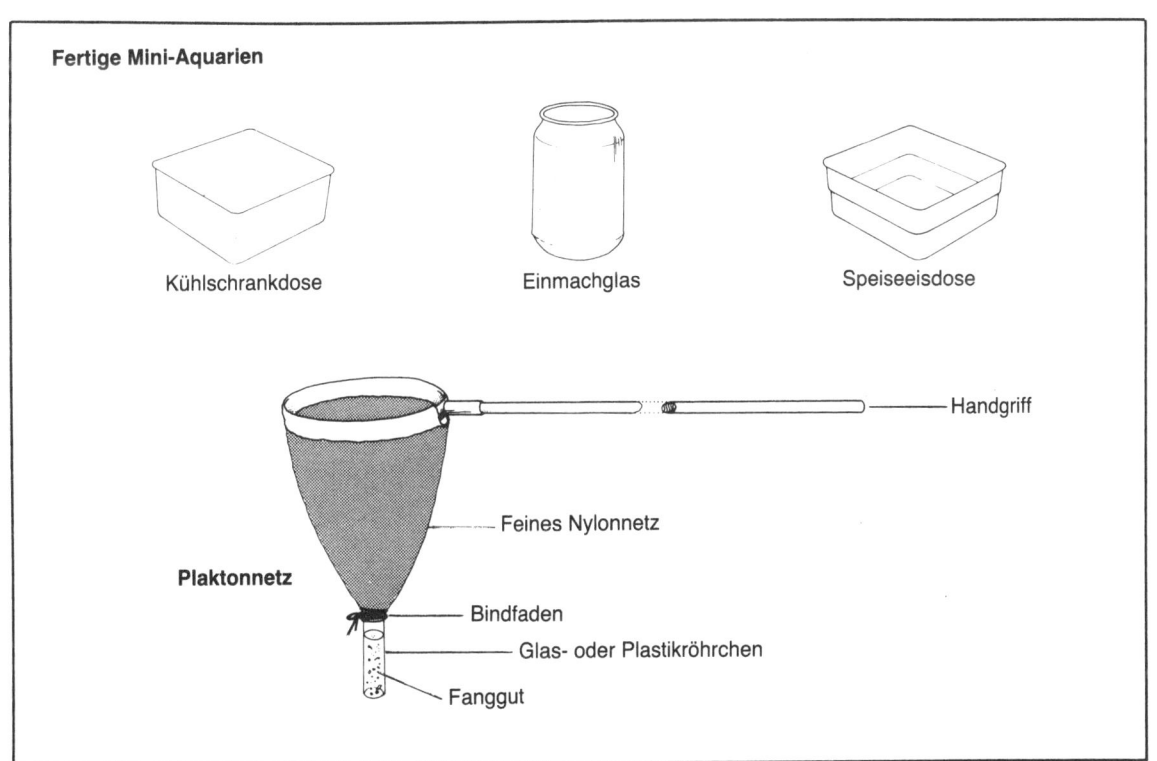

Fertige Mini-Aquarien

Kühlschrankdose

Einmachglas

Speiseeisdose

Plaktonnetz

Handgriff

Feines Nylonnetz

Bindfaden

Glas- oder Plastikröhrchen

Fanggut

Wir basteln uns ein Mini-Aquarium

Ein ganz einfaches, aber praktisches Mini-Aquarium kann man sich aus einem durchsichtigen Plastikbeutel und einem Gestell aus Karton, Holz oder Kunststoff, in das man diesen Beutel einhängen kann, selbst zusammenbauen. Die Zeichnung auf dieser Seite zeigt, in welcher Weise der Karton zugeschnitten werden muß. Diese Vorlage gilt auch, wenn man mit Holz oder Kunststoff arbeitet, dann geht es aber natürlich nicht an einem Stück. Wenn man Sperrholz oder ein ähnlich starkes Material verarbeitet, müssen alle Seitenteile getrennt zugeschnitten und an den Kanten mit Leim und Nägeln zusammengefügt werden. Die Länge der Seiten sollte etwas weniger als die Hälfte des Durchmessers der Plastiktüte betragen, wenn also die Tüte 20 cm breit ist, dann sollten die Seiten des Ständers ungefähr 9,5 cm

breit sein. Unter diesen Voraussetzungen nutzt der Rahmen des Ständers die Größe des Plastikbeutels voll aus, und man braucht sie nicht zu überdehnen, um sie in das Gestell einzuspannen.

Das Gestell sollte etwa 2 cm kürzer sein, als die Plastiktüte lang ist. Dann kann sich der später wassergefüllte Beutel auf jeden Fall auf der Unterlage abstützen, auf der dann das Mini-Aquarium steht. Gestelle aus Karton dürfen nicht zu groß bemessen sein, da sie sonst nicht mehr standfest sind. Etwa 10 cm Höhe, Breite und Tiefe ist das Äußerste, was man einem normalen Karton zumuten darf!

Die Plastiktüte wird in den fertigen Ständer eingehängt, am oberen Rand umgefaltet und mit einem großen, kräftigen Gummiband außen auf dem Gestell befestigt (siehe Zeichnung). Zum Abdecken des Mini-Aquariums verwendet man am besten eine dünne Glasscheibe.

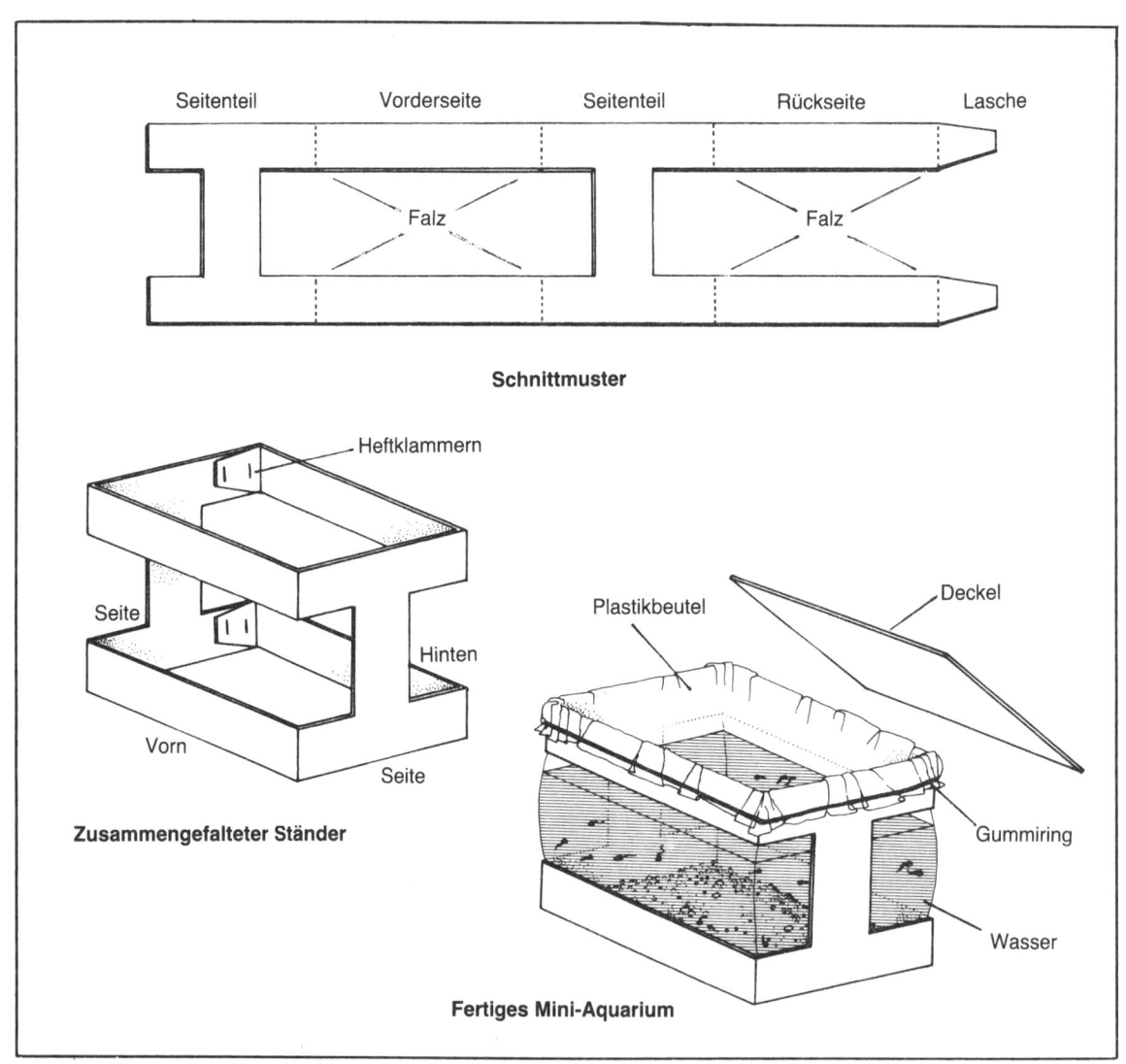

Schnittmuster

Zusammengefalteter Ständer

Fertiges Mini-Aquarium

Nun füllen wir den Plastikbeutel mit Leitungswasser bis zum Rand und stellen das Ganze über Nacht auf den Ablauf der Spüle in der Küche. Damit wird geprüft, ob kein Leck in der Tüte ist. Später wird das Aquarium nicht bis zum Rand gefüllt werden, so daß wir sicher sein können, daß es dem Wasserdruck standhält.

Hat sich herausgestellt, daß das Mini-Aquarium dicht und standfest ist, gießen wir das Wasser in eine Schüssel und stellen das Aquarium an eine ruhige Stelle. Der beste Platz ist die Fensterbank an einem Nordfenster, an dem die später eingesetzten Tiere und Pflanzen zwar genügend Licht erhalten, aber dennoch nicht direkter Sonnenstrahlung ausgesetzt sind.

Jetzt können wir mit dem Einrichten des Aquariums beginnen: Der Boden der geleerten Plastiktüte wird mit etwas Teichschlamm, mit gut gereinigten Kieseln oder mit gründlich ausgewaschenem Sand bedeckt. Die Füllung sollte etwa 2 cm hoch sein. Darauf gießen wir vorsichtig das Wasser aus der Schüssel. Der Wasserspiegel sollte irgendwo zwischen der Hälfte und dem oberen Drittel des Aquariums liegen. Hat man als Bodengrund Schlamm eingefüllt, wird dieser jetzt natürlich aufwirbeln. Das Aquarium muß also mehrere Stunden lang unberührt stehen bleiben, bis sich alle Schlammteilchen wieder auf dem Boden abgesetzt haben. Mit Kies oder Sand ist es etwas einfacher, doch hat eine solche Bodenbedeckung den Nachteil, daß keine Mineralstoffe für die später eingesetzten Wasserpflanzen zur Verfügung stehen.

Wenn sich der Wasserspiegel beruhigt hat und auch keine Schlamm-, Sand- oder Kiesteilchen mehr im Wasser schweben, kann man mit dem Besatz beginnen:

Wasserpflanzen kann man sich aus einem Teich oder Bach besorgen (vorher beim Eigentümer oder Pächter fragen! Keine geschützten Pflanzen mitnehmen!) oder im Aquariengeschäft kaufen. Sehr brauchbar für unsere Zwecke sind die Kanadische Wasserpest *(Elodea)* oder das Gemeine Hornkraut *(Ceratophyllum)*. Diese Pflanzen gibt es wohl in jedem Zoogeschäft recht preiswert zu kaufen. Wasserlinsen *(Lemna)* gibt es auf fast jedem Teich, im Zoogeschäft sind sie dagegen kaum erhältlich. Die Wasserpflanzen bieten den Wassertieren Schutz und Schatten, für einige sind sie auch die dringend benötigte Nahrung. Untergetauchte Wasserpflanzen produzieren außerdem Sauerstoff, der sich im Aquarienwasser löst und allen Wasserbewohnern zugute kommt. Kleine Wassertiere, die wir in unsere Mini-Aquarien einsetzen, gibt es in Hülle und Fülle. Die Zeichnungen auf den Seiten 10 und 11 zeigen nur einige der vielen Dutzend Arten, die gut in einem kleinen Aquarium zu halten sind – jedenfalls für eine kleine Zeitspanne von ein paar Tagen.

Wasserflöhe *(Daphnia)*, Zuckmückenlarven *(Chironomus)* oder einige andere kleine Wassertiere kann man auch in Aquarienfachgeschäften erstehen, in denen sie

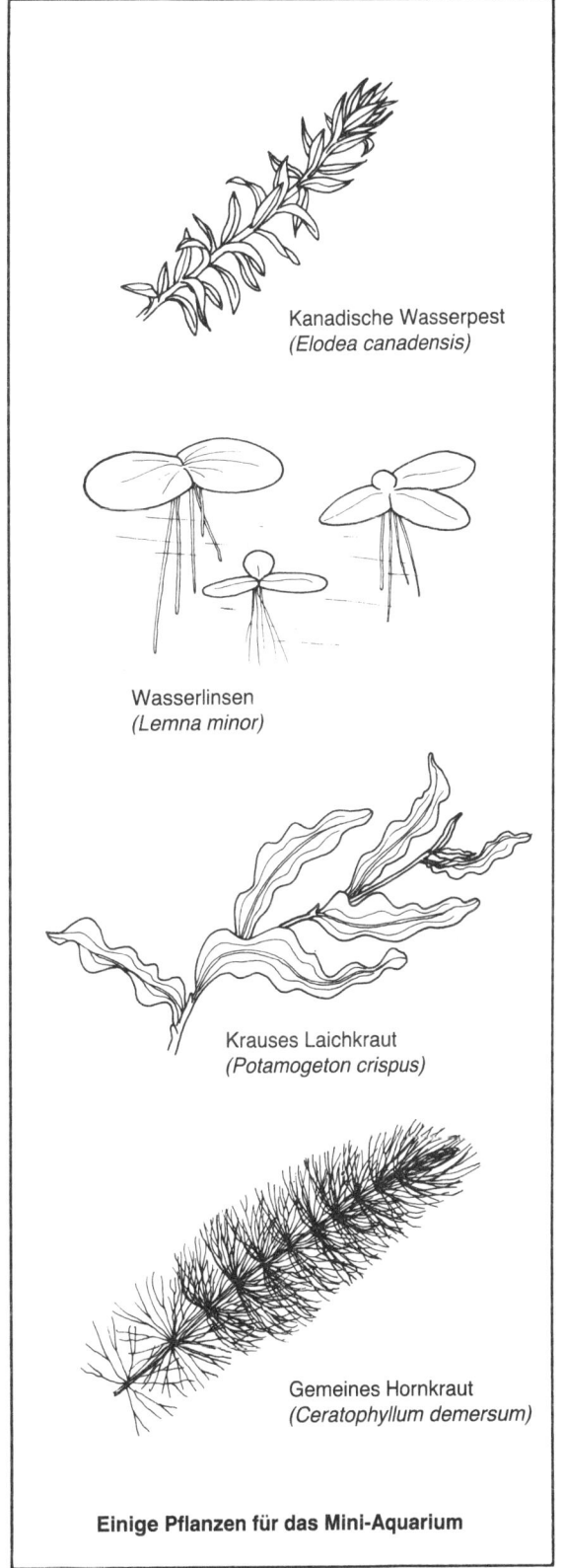

Kanadische Wasserpest
(Elodea canadensis)

Wasserlinsen
(Lemna minor)

Krauses Laichkraut
(Potamogeton crispus)

Gemeines Hornkraut
(Ceratophyllum demersum)

Einige Pflanzen für das Mini-Aquarium

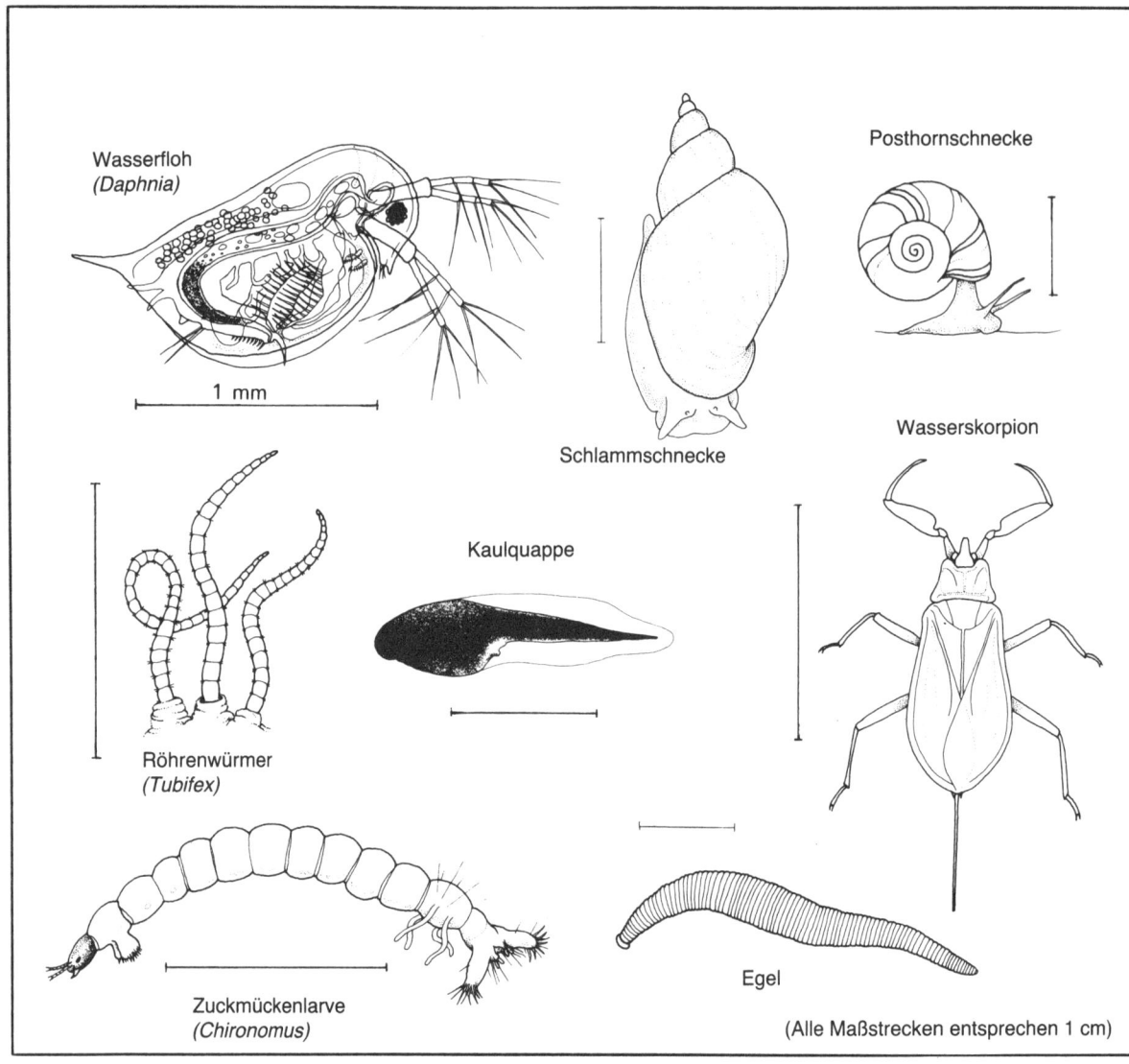

Wasserfloh
(Daphnia)

1 mm

Posthornschnecke

Schlammschnecke

Wasserskorpion

Kaulquappe

Röhrenwürmer
(Tubifex)

Zuckmückenlarve
(Chironomus)

Egel

(Alle Maßstrecken entsprechen 1 cm)

als Futter für tropische Zierfische bereitgehalten werden. Die Wasserflöhe muß man allerdings mit noch kleineren Lebewesen ernähren (siehe Kapitel 5), zur Not geht es auch mit einer Messerspitze Milchpulver, die man dem Wasser jeden Tag zugibt.

Röhrenwürmer *(Tubifex)* sind ebenfalls ein beliebtes Fischfutter und im Zoohandel erhältlich. Diese Tiere im Mini-Aquarium zu halten, ist jedoch aufwendiger, da man ihnen ständig Frischwasser zuführen muß – man würde sonst nach wenigen Stunden eine stinkende braungraue Brühe im Aquarium haben.

Wenn man Wasserpflanzen aus einem Teich oder aus dem Fachgeschäft besorgt, werden mit einiger Gewißheit auch Wasserschnecken dabei sein. Diese Tiere können sehr lange in einem Mini-Aquarium gehalten werden, und sie werden sich wahrscheinlich sogar noch vermehren. Wasserschnecken ernähren sich von kleinen Algen, die allmählich die Sichtwände oder den Boden des Aquariums überziehen werden. Wenn das Aquarium im hellen Licht (nicht in direkter Sonne) steht, wird das Algenwachstum stark angeregt, so daß für die Wasserschnecken immer der Tisch gedeckt ist.

Kleintiere, die im freien Wasser eines Tümpels oder Baches schwimmen, werden am besten mit einem Planktonnetz (siehe Skizze) oder einem feinen Küchensieb gefangen. Wenn man das Planktonnetz hochzieht, sammelt sich der Fang im daranhängenden Glasröhrchen, das dann in ein größeres Glasgefäß mit Schraubdeckel entleert wird. Eine andere Möglichkeit, interessante Wasserorganismen zu bekommen, besteht darin, die Oberfläche der Streuschicht auf dem Gewässergrund leicht aufzuwirbeln. Die Schlamm-Wassermenge

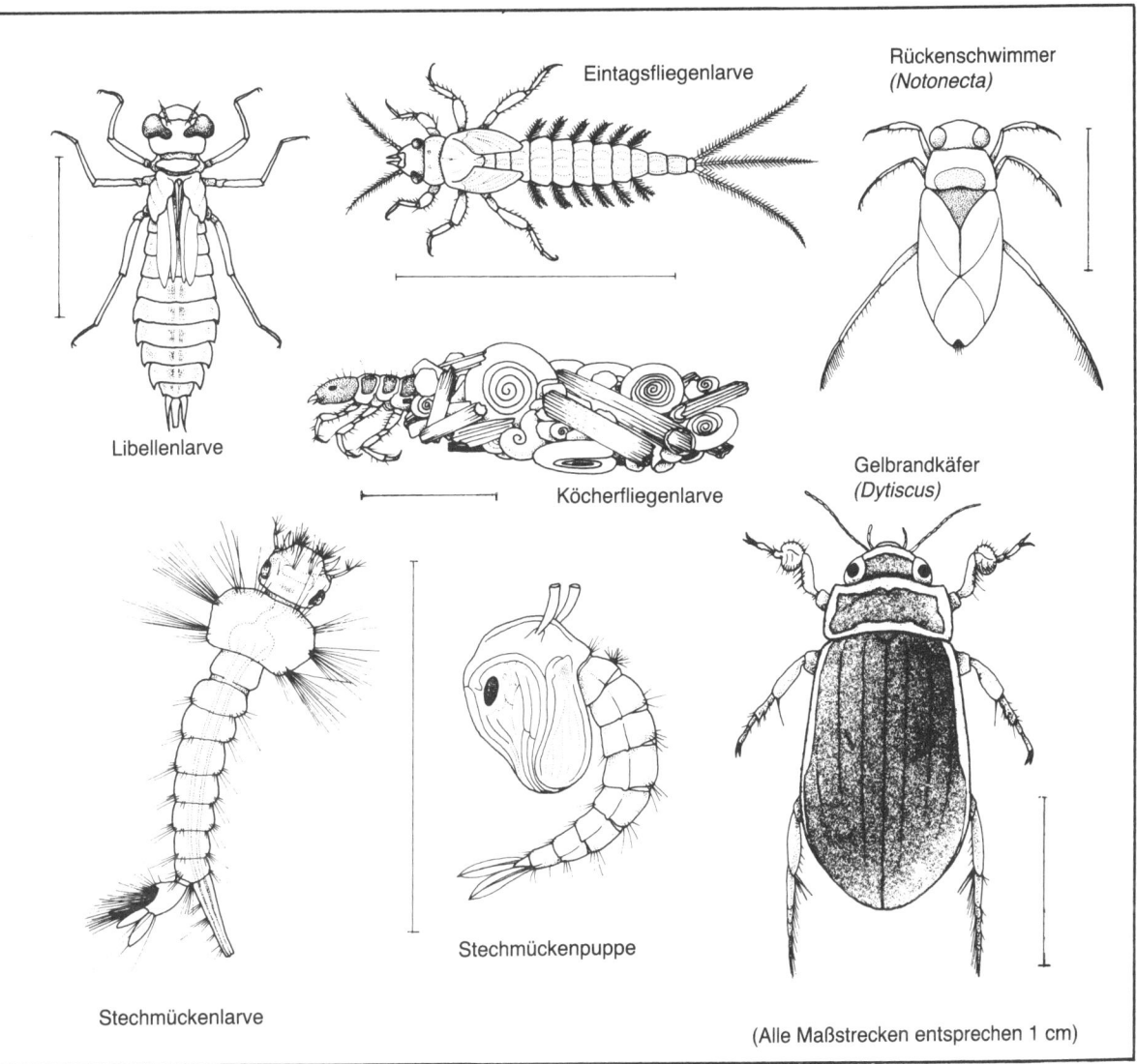

Eintagsfliegenlarve

Rückenschwimmer
(Notonecta)

Libellenlarve

Köcherfliegenlarve

Gelbrandkäfer
(Dytiscus)

Stechmückenpuppe

Stechmückenlarve

(Alle Maßstrecken entsprechen 1 cm)

schwemmen wir dann in einem flachen Gefäß auf und beobachten, welche Kleintiere sich darin befinden. Oft wird man Larven von Libellen, Eintags- und Köcherfliegen entdecken. Libellenlarven, Wasserwanzen oder der große Gelbrandkäfer sind Fleischfresser; sie müssen in getrennten Behältern untergebracht werden, sonst fressen sie sich am Ende gegenseitig auf. Fleischfresser füttert man, indem man kleine Stückchen von rohem Fleisch an einem langen Faden in das Aquarium hält und ein wenig im Wasser auf und ab bewegt. Fressen die Tiere nicht, muß das Fleisch wieder entfernt werden. Auf keinen Fall darf es einfach im Wasser liegen bleiben, es würde bald mit der Verwesung und Zersetzung beginnen und dann die kleine Wasserfüllung im Mini-Aquarium vergiften. Fleischfressende Aquarienbewohner können auch mit lebenden Fliegenmaden gefüttert werden.

Noch ein Tip: Es hat keinen Sinn, auf das Ausschlüpfen von Libellenlarven zu warten. Libellenlarven benötigen bis zu zwei Jahre, bevor aus dem letzten Larvalstadium endlich das erwachsene Tier schlüpft. Man sollte diese Larven am besten gleich wieder ins Tümpelwasser entlassen!
Wenn man aus einem Teich oder Tümpel Kleintiere fängt, so sollte man gleich ein paar Stückchen von den Wasserpflanzen mitnehmen. Zu Hause legen wir die Pflanzenteile zunächst in ein flaches Gefäß und schauen nach, welche Kleintiere eventuell auf den Blattunterseiten oder an den Stengeln sitzen.
Stellt man in der warmen Jahreszeit das Mini-Aquarium auf den Balkon oder in den Garten und läßt den Deckel offen, so werden nach einiger Zeit Insekten das Aquarium anfliegen, um dort ihre Eier abzulegen. Man kann

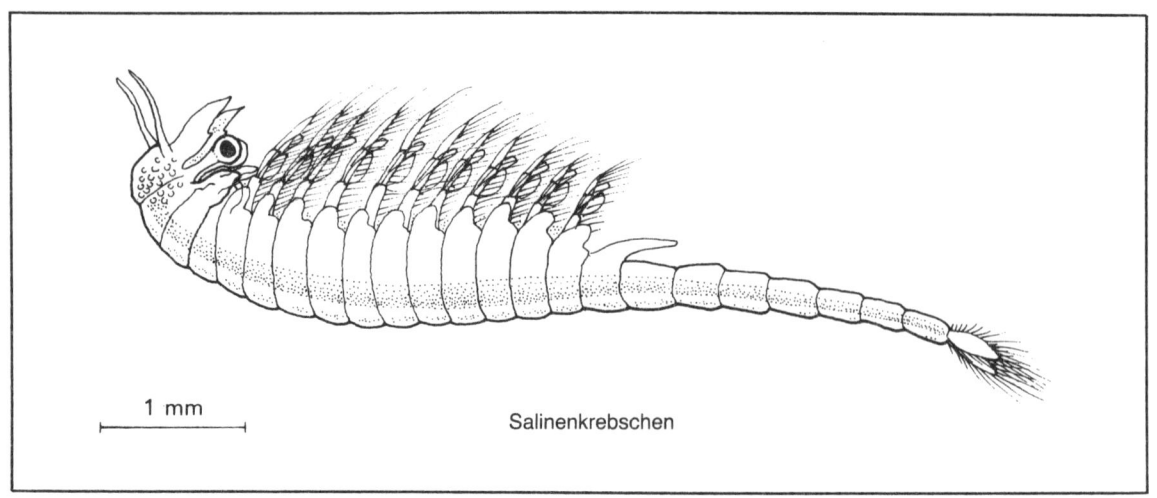

1 mm

Salinenkrebschen

dann gut beobachten, wie sich das Aquarium bald mit verschiedenen Larvenstadien füllt, die sich schließlich verpuppen, bevor wieder die flugfähigen erwachsenen Tiere schlüpfen.

Sehr interessant ist es auch, die Eier des Salinenkrebschens zur Entwicklung zu bringen und die einzelnen Entwicklungsstadien zu beobachten.

In jedem Aquariengeschäft kann man diese Eier kaufen – eine kleine Packung enthält bereits mehrere Zehntausend davon.

Von diesen Eiern geben wir eine Messerspitze in ein kleines Gefäß mit einer Salzlösung (1 Eßlöffel Kochsalz auf 1 Liter Leitungswasser). Die Eier benötigen etwas Wärme, damit die Krebslarven ausschlüpfen. Man stellt das Gefäß am besten auf einer warmen Fensterbank über der Heizung auf.

Nach etwa 2 Tagen schlüpfen die ersten Larven.

In der Zwischenzeit haben wir uns ein Mini-Aquarium mit Salzlösung gefüllt, in das wir jetzt die geschlüpften Krebslarven umsetzen. Jetzt können sie bei Raumtemperatur gehalten werden.

Sehr nützlich und hilfreich für die Aufzucht dieser Kleinkrebse ist eine Belüftungsvorrichtung. Wenn man eine kleine Aquarienpumpe besitzt, kann man das Kulturgefäß mit einem feinen Luftstrom durchperlen lassen, so daß das Wasser immer gut belüftet ist.

Die Salinenkrebs-Larven füttert man am besten mit einer Paste aus Trocken- oder Frischhefe, die man in kleinen Portionen ins Wasser gibt. Nicht zu reichlich füttern! Wenn die Hefe-Paste nicht komplett aufgebraucht oder das Wasser wolkig wird, sollte man mit dem Nachschub ein paar Tage aussetzen. Salinenkrebse wachsen innerhalb von 5–6 Wochen auf eine Länge von etwa 1 cm heran.

Bei guter Pflege und Betreuung können viele Kleintiere im Mini-Aquarium wochenlang überleben. Wenn es ihnen aber offensichtlich nicht besonders gut geht oder wenn man alles beobachtet hat, was interessiert, dann muß man die Tiere wieder in dem Teich oder Fließgewässer aussetzen, aus dem man sie entnommen hat!

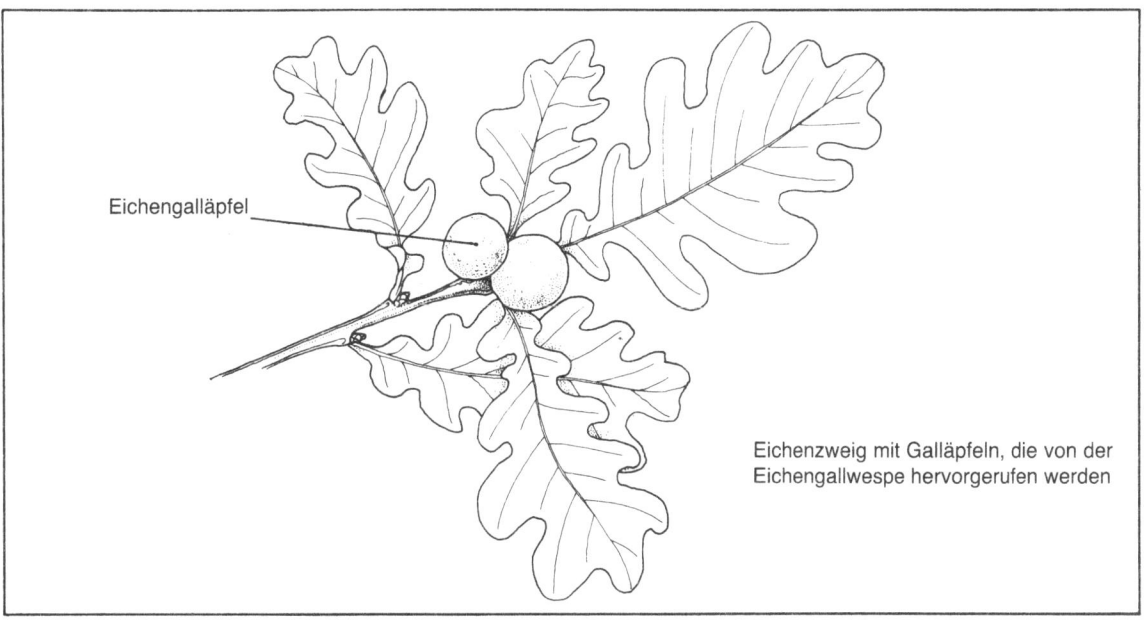

Eichengalläpfel

Eichenzweig mit Galläpfeln, die von der Eichengallwespe hervorgerufen werden

Viele Insektenarten legen ihre Eier in das Innere von Blättern, Stengeln, Wurzeln oder in die Blatt- und Blütenknospen. Aus den Eiern schlüpfen alsbald madenartige Larven, die sich von ihrer Wirtspflanze ernähren. Dadurch werden dem befallenen Pflanzenteil natürlich Schäden zugefügt, und bei starkem Befall welkt er und stirbt ab.

Die Pflanzen können sich gegen solche Befallsattacken nicht wehren. Sobald ein Insektenei in pflanzliches Gewebe gelegt wird, muß die Pflanze in der betroffenen Region mit verstärktem Wachstum beginnen. Dadurch entsteht eine auffällige Gewebewucherung, die man Pflanzengalle nennt. Im Inneren der Galle liegt das Insektenei. Sobald die Larven geschlüpft sind, können sie sich von der wuchernden Galle ernähren, ohne weitere Teile der Pflanze aufsuchen und schädigen zu müssen. Auf diese Weise bietet die Pflanze den Larven Wohnung, Unterschlupf und Nahrung, kontrolliert gleichzeitig aber auch, wo die Larven sich aufhalten und bindet sie an einen bestimmten Ort. Andere wichtige Teile, wie Sproßspitzen oder Knospenanlagen, werden auf dem Umweg der Gallbildung vor den gefräßigen Larven geschützt.

Irgendwann wird sich die Larve verpuppen. Nach einer Zeit der Puppenruhe reißt das Puppenkleid auf, und das vollentwickelte, flugfähige Insekt schlüpft. Es muß nun zunächst seinen Weg aus der Galle finden.

Nach der Paarung legen die Weibchen ihre Eier erneut auf bestimmten Pflanzen ab, und der Entwicklungsgang beginnt von neuem.

Nur bestimmte Insekten und Pflanzen sind zur Gallbildung fähig, wobei jeweils artspezifische Gallformen erzeugt werden (siehe Zeichnungen Seite 20 und 21). Mit diesen Gallen wollen wir uns nun einmal etwas genauer beschäftigen.

Was wir brauchen

Eine Anzahl größerer und kleinerer Glas- (Konfitürengläser, Einmachgläser) **oder Plastikgefäße** (Joghurtbecher)
Eine Rolle durchsichtige Plastiktüten (Butterbrottüten), möglichst großformatig
Einige große Gummibänder
Einige Holz- oder Plastikstäbe
Etwas Watte
Ein paar Bögen Fließpapier (Küchenvlies)
Ein kleines Gefäß mit Wasser, das zum Sammeln mitgenommen wird
Etwas Blumenerde

Ein Messer oder **eine Schere** zum Abtrennen galltragender Pflanzenteile

Auf Sammeltour

Zu den Pflanzen, die am häufigsten Pflanzengallen tragen, gehören die Eichen. Am besten sucht man einzelnstehende Eichen oder Bäume in kleinen Gehölzgruppen auf. Dort ist die Nachsuche erfolgversprechender als in einem dichten Waldbestand. Einzelbäume tragen gewöhnlich mehr Gallen als Bäume im geschlossenen Verband.

Die günstigste Jahreszeit zur Suche von Eichengallen sind die Monate April und Mai. Im Juni oder Juli sind die gallbewohnenden Insekten meist schon geschlüpft. (Man erkennt dies an einem kleinen, meist seitlich sitzenden Loch in der Galle.)

Außer auf Eichen gibt es noch auf einer Menge anderer Pflanzenarten Gallbildungen, so daß man außerhalb der Wintermonate praktisch immer mit diesen interessanten Gebilden rechnen kann.

Wenn man eine Galle gefunden hat, muß man zunächst einmal prüfen, ob sie noch wächst (was meist im Früh-jahr/Frühsommer der Fall ist) oder ob sie ihre Entwicklung schon weitgehend abgeschlossen hat. Wachsende Gallen läßt man am besten an der Pflanze und notiert sich ihre genaue Lage an der Pflanze, so daß man sie ein paar Wochen später wieder findet und einsammeln kann. Für unsere Zwecke ist es nämlich besser, ausgewachsene, reife Gallen zu sammeln.

Wenn man eine ausgewachsene Galle gefunden hat, schneidet man den betreffenden Zweig oder Stengel ab und umwickelt das Schnittende mit einem feuchten Wattebausch oder feuchtem Papier. Sollte man Pflanzengallen auf einer kleineren Gartenpflanze finden, so kann man die ganze Pflanze ausgraben und in einen Blumentopf umsetzen. Zu Hause wird die Pflanze oder der abgeschnittene Pflanzenteil in ein Wasserglas gesteckt und in ein Gewächshaus gestellt (siehe Zeichnung). Das Wasserglas muß mit Watte abgedeckt sein, damit die schlüpfenden Insekten nicht ins Wasser fallen und ertrinken können. In der Plastiktüte, die man über die galltragende Pflanze stülpt, dürfen keine zu großen Öffnungen oder Löcher sein, damit die erwachsenen Gallerzeuger nach dem Schlüpfen nicht entweichen können.

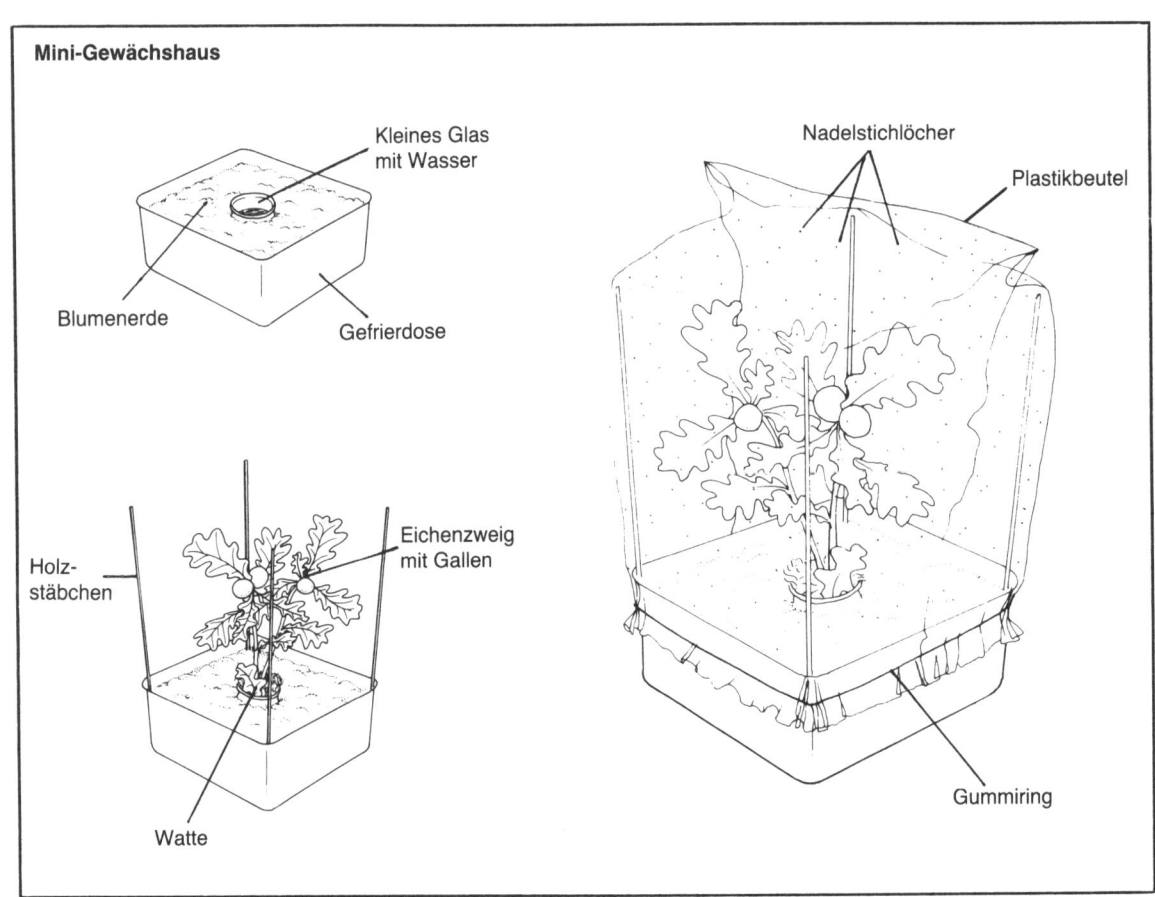

Mini-Gewächshaus

Kleines Glas mit Wasser

Blumenerde

Gefrierdose

Nadelstichlöcher

Plastikbeutel

Holz-stäbchen

Eichenzweig mit Gallen

Watte

Gummiring

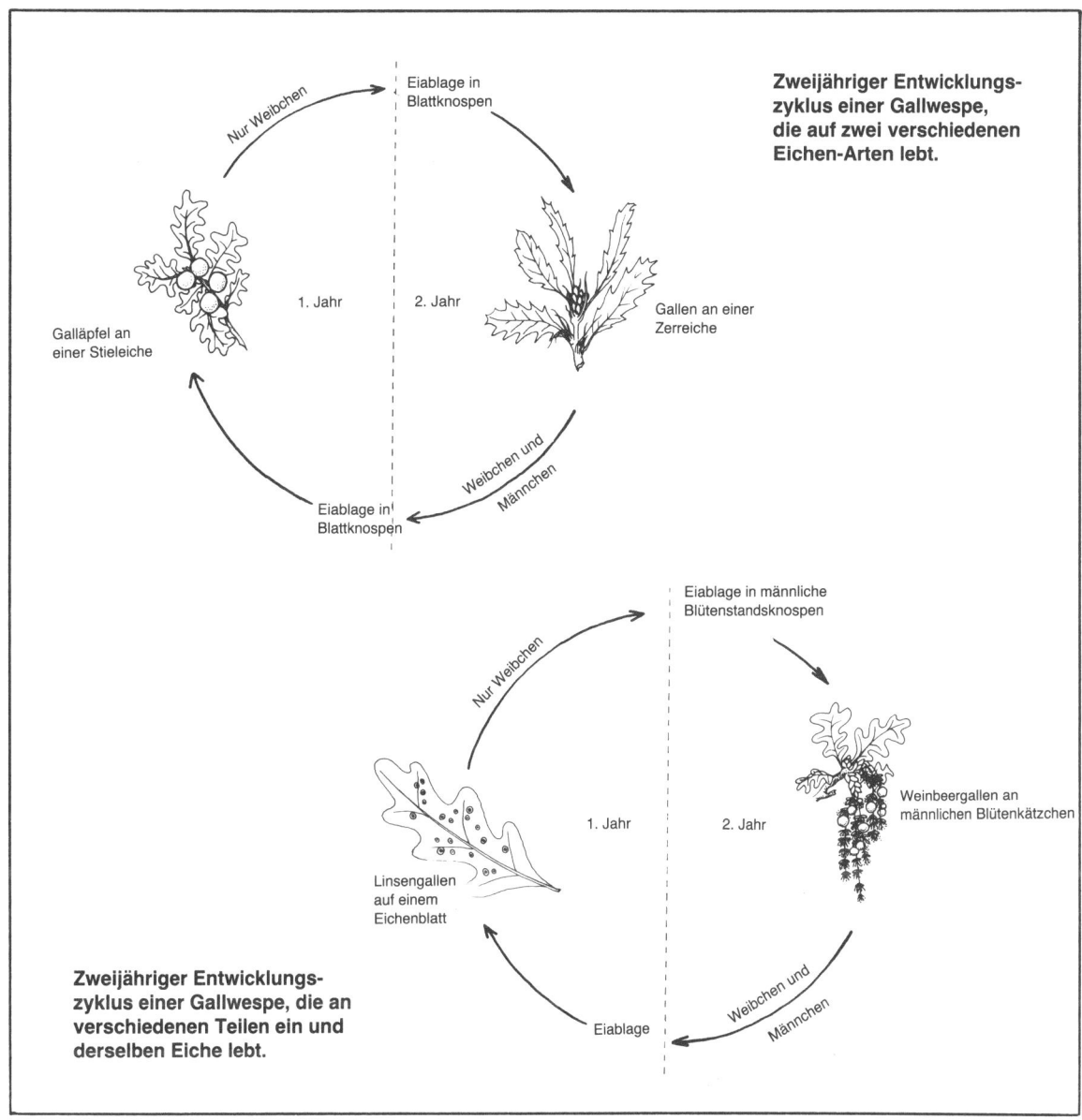

Eiablage in
Blattknospen

Nur Weibchen

**Zweijähriger Entwicklungs-
zyklus einer Gallwespe,
die auf zwei verschiedenen
Eichen-Arten lebt.**

1. Jahr   2. Jahr

Galläpfel an
einer Stieleiche

Gallen an einer
Zerreiche

Weibchen und
Männchen

Eiablage in
Blattknospen

Eiablage in männliche
Blütenstandsknospen

Nur Weibchen

1. Jahr   2. Jahr

Weinbeergallen an
männlichen Blütenkätzchen

Linsengallen
auf einem
Eichenblatt

**Zweijähriger Entwicklungs-
zyklus einer Gallwespe, die an
verschiedenen Teilen ein und
derselben Eiche lebt.**

Eiablage

Weibchen und
Männchen

Ein Blick auf den Entwicklungsgang

Wenn man Gallen im richtigen Reifezustand gefunden hat, sollte man jede Woche eine davon öffnen, um die Entwicklung der Gallbewohner genau verfolgen zu können.

Dazu wird die Galle vorsichtig angeschnitten und dann in kleinen Stücken weiter zerlegt. Nur so kann man die gallbewohnende Larve ohne Beschädigung oder Verletzung auffinden. Vom jeweiligen Entwicklungsstadium der Larve sollte man sich eine maßstabgerechte Zeichnung anfertigen, auf der auch das Tagesdatum notiert werden muß! Aus der Abfolge der verschiedenen Zeich-

nungen kann man später ersehen, wie und wie rasch die betreffende Larve wächst.

Nicht selten findet man in den Pflanzengallen verschiedene Larven. Außer der eigentlichen Gallbewohnerin gibt es nämlich auch noch Untermieter (Inquilinen). Sie vertragen sich mit den übrigen gallbewohnenden Larven im allgemeinen recht gut. Allerdings kann es manchmal zur Nahrungsverknappung kommen, oder die Galle selbst erfährt unter dem Einfluß der zusätzlichen Untermieter gewisse Veränderungen.

Von den eingesammelten Gallen sollte man möglichst viele ungestört lassen, damit die Larven sich unbehelligt entwickeln können. Früher oder später wird dann in der

„Schlüpfanlage" das erste fertig erwachsene Tier herumkrabbeln. Wenn man es genau angeschaut hat, sollte man es aber fliegen lassen! Wenn noch mehrere Gallen vorhanden sind, werden in den nächsten Tagen bis zwei Wochen weitere fertige Insekten zu erwarten sein. Vielleicht befinden sich darunter auch die erwachsenen Tiere einiger „Untermieter".

Wie viele Insekten schlüpfen? Weicht ihre Zahl von der Zahl der vorhandenen Gallen stark ab? Wenn es deutlich weniger sind, so sind einige gallbewohnende Larven eventuell das Opfer von besonderen Parasiten geworden, die ihre Eier direkt in die Tiere legen; spätestens im Puppenstadium werden die Gallbewohner von den Parasiten getötet.

Es ist möglich, daß wir an den Gallen eine Reihe von Schlupflöchern finden, ohne daß uns das flugfähige Insekt aufgefallen ist. In diesem Fall haben schon die Larven ihre Galle verlassen, um sich im Boden oder Kompost zu verpuppen. Nach einer Weile werden auch aus diesen Puppen die flugfähigen Tiere schlüpfen.

Sobald die Gallbewohner geschlüpft sind, kann man sie auch in ein anderes Gefäß übertragen (siehe dazu auch Seite 33). Um die kleinen Insekten am Entkommen zu hindern, muß man jedoch eine besonders feinmaschige Abdecklage verwenden! In dem Gefäß sollten ein paar frische Zweige oder Stengel von der Pflanze enthalten sein, in die die Tiere normalerweise ihre Eier ablegen.

Wenn man Glück hat, kann man sogar die Paarung der Tiere beobachten oder zusehen, wie das Weibchen seine Eier in das passende Pflanzenorgan ablegt. Dazu sollte man aber auch wissen, daß es eine ganze Reihe von Gallinsekten gibt, die zwei verschiedene Gallen auf verschiedenen Pflanzenarten erzeugen! Wenn die fertigen Insekten aus einer Gallsorte schlüpfen, benötigen sie die nächste Wirtspflanze, um ihren Entwicklungsgang fortzusetzen. Damit man den Gallerzeugern die richtige Pflanze anbieten kann, sollte man die einzelnen Arten zuvor anhand eines guten Bestimmungsbuches bestimmen.

Es bieten sich folgende Werke an:

BEIDERBECK/KOEVOET: Pflanzengallen am Wegesrand. Kosmos-Verlag, Stuttgart 1979

CHINERY, M: Insekten Mitteleuropas. Parey Verlag, Hamburg 1984

ZAHRADNIK, J.: Der Kosmos-Insektenführer. Kosmos-Verlag, Stuttgart 1980

ZAHRADNIK, J.: Bienen, Wespen, Ameisen. Kosmos-Verlag, Stuttgart 1985

Eine erfolgreiche Kultur der Gallinsekten über mehrere Generationen hinweg ist allerdings nicht sehr leicht und erfordert viel Geduld. Auf jeden Fall ist es besser, wenn man die geschlüpften Insekten wieder freiläßt, wenn sie die angebotenen Pflanzen nicht annehmen.

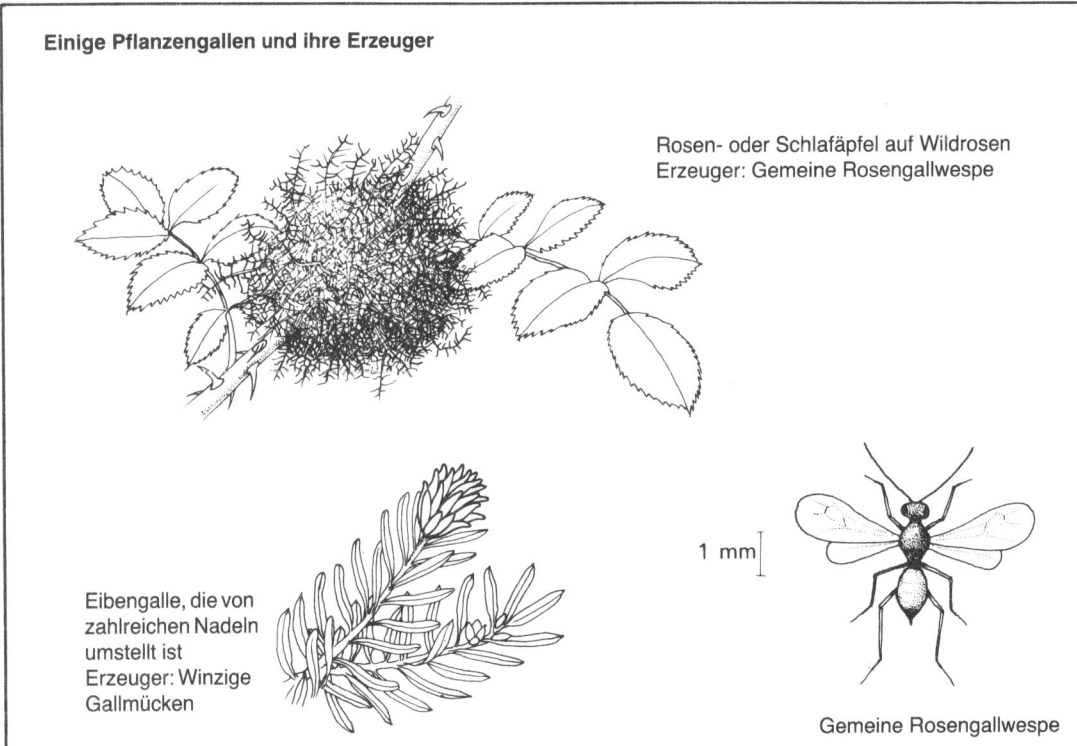

Einige Pflanzengallen und ihre Erzeuger

Rosen- oder Schlafäpfel auf Wildrosen
Erzeuger: Gemeine Rosengallwespe

Eibengalle, die von zahlreichen Nadeln umstellt ist
Erzeuger: Winzige Gallmücken

1 mm

Gemeine Rosengallwespe

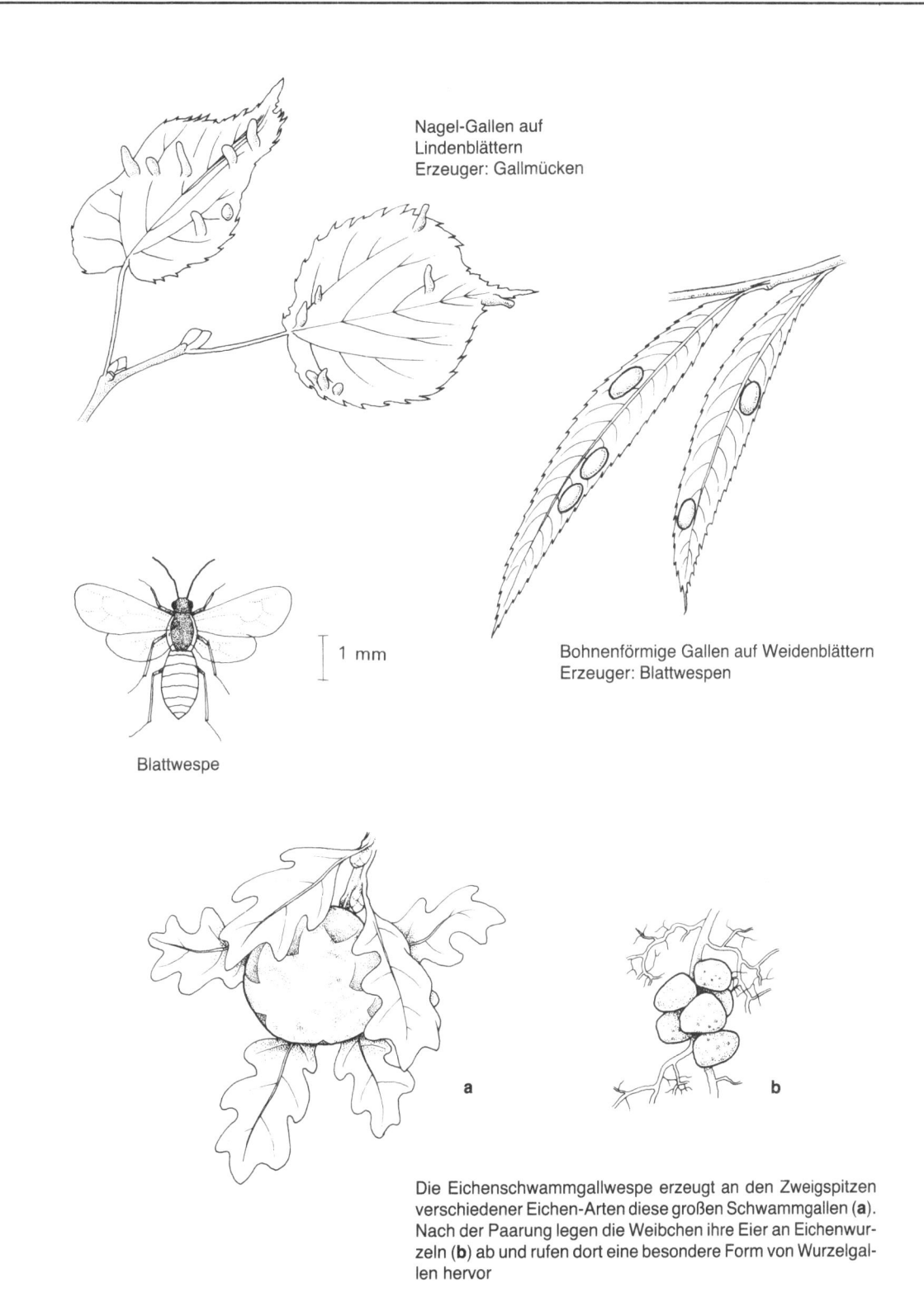

Nagel-Gallen auf
Lindenblättern
Erzeuger: Gallmücken

1 mm

Blattwespe

Bohnenförmige Gallen auf Weidenblättern
Erzeuger: Blattwespen

a

b

Die Eichenschwammgallwespe erzeugt an den Zweigspitzen
verschiedener Eichen-Arten diese großen Schwammgallen (**a**).
Nach der Paarung legen die Weibchen ihre Eier an Eichenwur-
zeln (**b**) ab und rufen dort eine besondere Form von Wurzelgal-
len hervor

4 Aus dem Leben einer Blattlaus

Blattläuse gehören zu den häufigsten Insekten, die man draußen finden kann. Während des Sommers wird man wohl kaum Schwierigkeiten haben, genügend Versuchstiere für die folgenden Untersuchungen zu finden. Ein Grund, warum Blattläuse so enorm zahlreich auftreten, liegt in ihrer erstaunlich hohen Vermehrungsrate, und gerade damit wollen wir uns in diesem Kapitel etwas genauer beschäftigen.

Wie man der Skizze auf Seite 23 entnehmen kann, haben Blattläuse einen recht eigenartigen Entwicklungszyklus:

Im Frühjahr schlüpfen aus den Eiern ausschließlich Weibchen. Mit ihren spezialisierten Mundwerkzeugen, die zu einer nadelspitzen Röhre umgestaltet sind, stechen sie pflanzliche Gewebe an und ernähren sich von der austretenden, meist zuckerhaltigen Zellflüssigkeit. Sie wachsen rasch heran und beginnen sich bald fortzupflanzen. Eigenartigerweise legen sie jedoch keine Eier. Auch können sie sich nicht paaren, denn zu diesem Zeitpunkt sind noch keine Männchen vorhanden. Die ungeflügelten Weibchen bringen ganz einfach lebende Junge zur Welt, die wiederum alle weiblich sind.

Einige von ihnen entwickeln Flügel, können davonfliegen und auf diesem Weg andere Pflanzen befallen.

Andere bleiben flügellos, bewohnen die gleiche Pflanze, saugen, wachsen und pflanzen sich ebenfalls fort.

Erst gegen Ende des Sommers werden weibliche und männliche Tiere entwickelt, die allesamt geflügelt sind. Männchen und Weibchen paaren sich, und die Weibchen suchen ziemlich bald neue Pflanzen auf, an denen sie ihre Eier ablegen können.

Bestimmte Blattlaus-Arten haben ihre jeweilige Vorliebe für bestimmte Futterpflanzen. Es gibt unter ihnen auch Arten, die sich im Frühjahr und Sommer auf einer anderen Pflanzenart aufhalten als auf der, die im fortgeschrittenen Herbst zur Eiablage aufgesucht wird.

Bestimmte von den Futterpflanzen abgegebene Stoffe erleichtern den Blattläusen das Auffinden der passenden Arten.

Blattläuse haben eine ungemein arten- und formenreiche Verwandtschaft. Mit den Fliegen oder Mücken, denen die geflügelten Formen auf den ersten Blick ähnlich sehen, haben sie wenig zu tun. Näher verwandt sind sie dagegen mit Wasserwanzen, Rückenschwimmern oder Zikaden, mit denen sie zur Gruppe der sogenannten Schnabelkerfe zusammengefaßt werden. Sie alle zeigen gemeinsame Merkmale im Körperbau, auf die wir hier jedoch nicht weiter eingehen wollen.

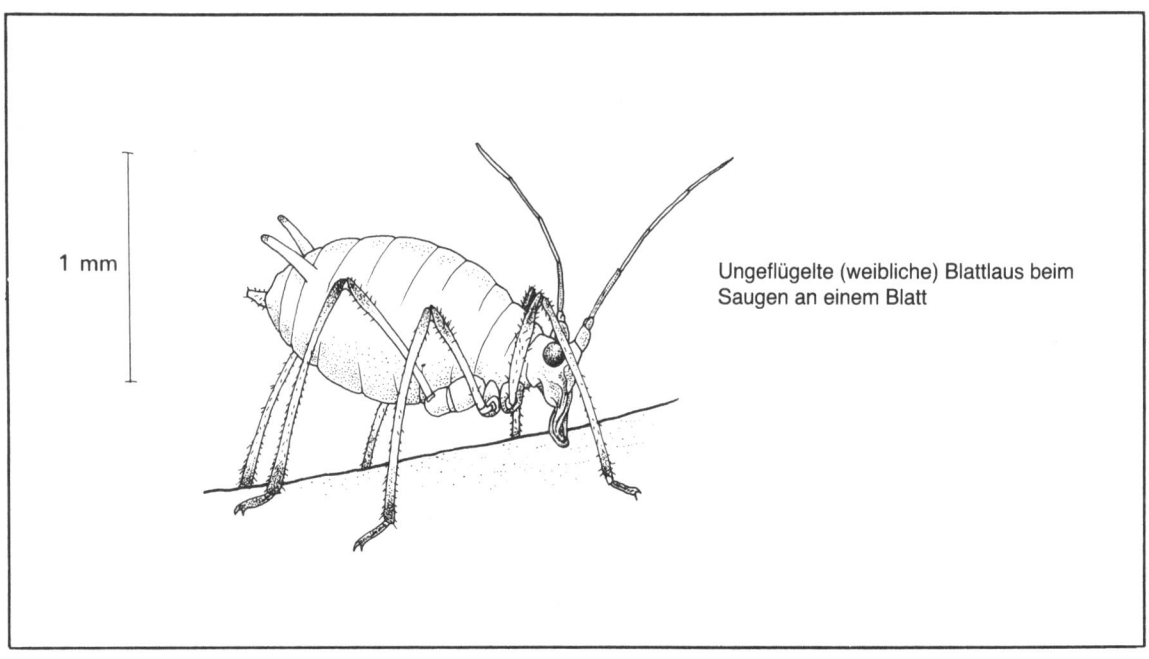

1 mm

Ungeflügelte (weibliche) Blattlaus beim Saugen an einem Blatt

Was wir brauchen

Einen oder mehrere Kleinkäfige oder Behältnisse, wie wir sie schon für den Spinnennetz-Versuch (Kapitel 1) verwendet haben
Einen mittelgroßen Malpinsel aus dem Malkasten
Wenn man die Schwarze Bohnenlaus, eine der häufigsten Blattläuse, untersuchen möchte, braucht man noch ein paar Tüten Saatgut (Dicke Bohnen oder Gartenbohnen) und einige Blumentöpfe, damit immer frische Futterpflanzen zur Hand sind.

Wir untersuchen den Lebenszyklus von Blattläusen

Am besten beginnt man mit diesem Versuch im Frühjahr oder Frühsommer, wenn die ersten Blattläuse auftreten.

Die Zeit vom Mai bis zum Juli ist besonders günstig. Blattläuse wird man mit Sicherheit auf jungen Blättern oder Trieben von Ahorn, Eiche, Wild- oder Gartenrosen, Apfelbäumen oder Weißdorn finden, aber auch viele andere Pflanzen werden von Blattläusen aufgesucht. Wenn man diesen Versuch etwas später im Jahr beginnt, wird man am ehesten an Gemüse- und Salatpflanzen im Garten Blattläuse finden.
Wir benötigen für unsere Untersuchungen erstaunlich wenige Blattläuse, 2–5 Tiere genügen vollkommen. Um sie schonend einzusammeln, feuchtet man einen feinen Malpinsel etwas an und spitzt ihn zu. Mit der feinen, feuchten Haarspitze kann man nun die Blattläuse von ihrer Wirtspflanze abheben und in kleine verschließbare Gefäße (Schraubdeckelgläser) übertragen. Gleichzeitig sollte man stets ein paar Blätter oder Stengel der Wirtspflanze mitnehmen. (Auf diesem Futtermaterial dürfen

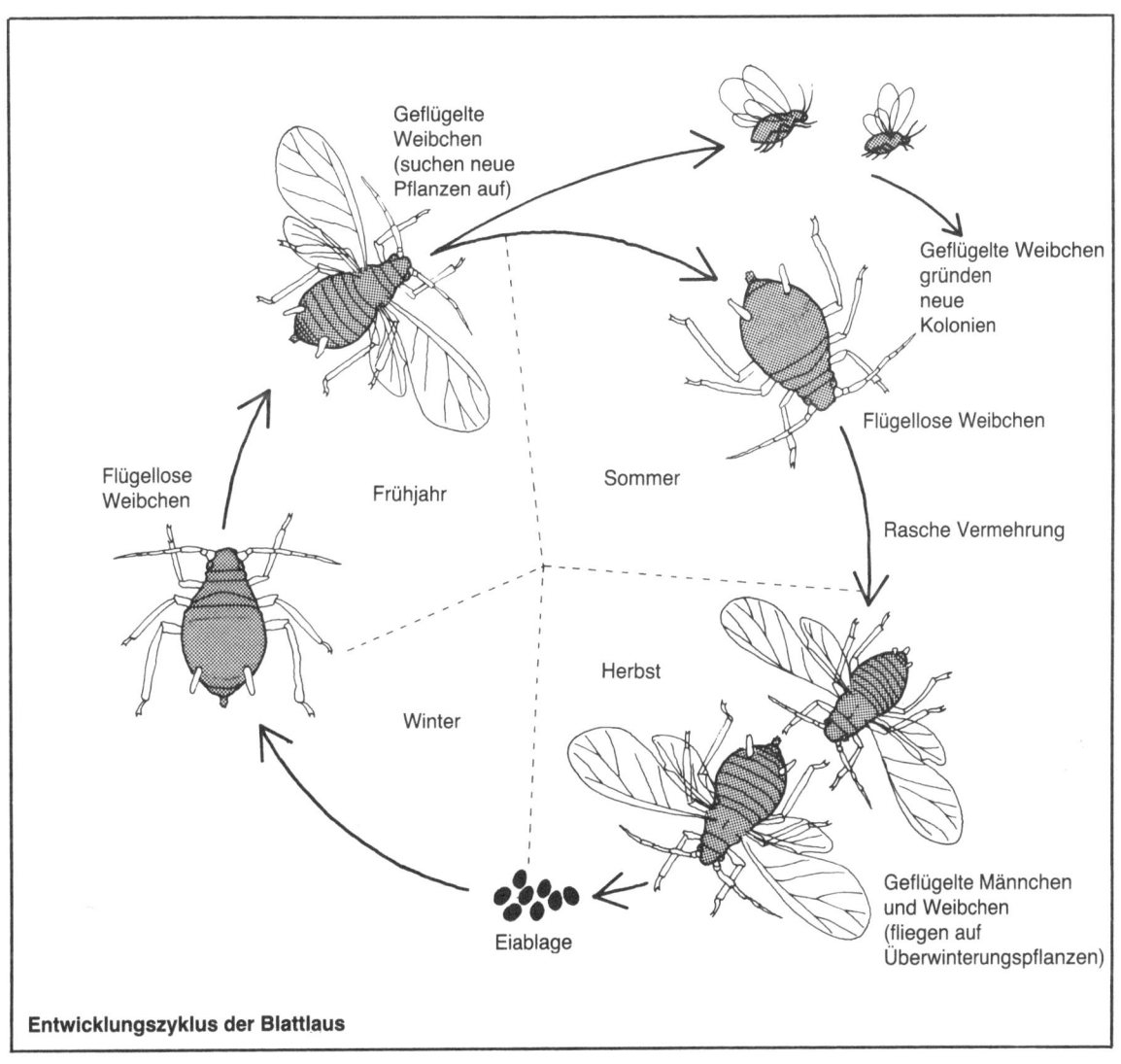

Geflügelte Weibchen (suchen neue Pflanzen auf)

Geflügelte Weibchen gründen neue Kolonien

Flügellose Weibchen

Flügellose Weibchen

Frühjahr

Sommer

Rasche Vermehrung

Winter

Herbst

Geflügelte Männchen und Weibchen (fliegen auf Überwinterungspflanzen)

Eiablage

Entwicklungszyklus der Blattlaus

sich jedoch keine weiteren Blattläuse aufhalten, weil sonst unsere späteren Zählergebnisse verfälscht werden!)

Die Futterpflanze wird in einem wassergefüllten Gefäß in den Insektenkäfig (siehe Seite 7) gestellt. Jetzt können die mitgebrachten Blattläuse (wiederum mit dem angefeuchteten Malpinsel) auf die Pflanze gesetzt werden. Jede Woche, am besten immer am gleichen Wochentag und zur gleichen Zeit, werden die Blattläuse im Käfig gezählt. Gleichzeitig wird auch das Wasser für die Pflanze erneuert. Wenn nötig, muß ein frischer Zweig oder Sproß eingebracht werden, den man direkt neben die alte Futterpflanze stellt. Nach spätestens einem Tag werden die Blattläuse auf die neue Pflanze umgezogen sein. Mit dem Pinsel kann man eventuell ein wenig nachhelfen, falls sich noch ein paar Tiere auf dem welkenden Pflanzenmaterial aufhalten sollten.

Da die Blattläuse flügellos sind, kann man einzelne Zweige ruhig aus dem Insektenkäfig nehmen und die Tiere in Ruhe aus der Nähe betrachten. Wo halten sie sich besonders gerne auf, an den Stengeln oder auf den Blättern? Nehmen sie lieber auf älteren oder jüngeren Pflanzenteilen (Stengel, Blätter) Platz? Gibt es durch das Saugen der Blattläuse irgendwelche sichtbaren Veränderungen an den Pflanzen? Vielleicht hat man auch Glück und kann die Geburt einer jungen Blattlaus mit Hilfe einer Lupe beobachten.

Aus den wöchentlichen Blattlauszählungen lassen sich einige interessante Zusammenhänge ableiten. Zu diesem Zweck legen wir uns zwei Grafiken an, wie sie unten auf Seite 24 dargestellt sind. In die Achsensysteme werden jede Woche die Zähl- und Rechenergebnisse eingetragen.

Aus den Ergebnissen kann man den wöchentlichen Zuwachs der Blattlaus-Bevölkerung ermitteln. Wenn man beispielsweise am Anfang der Woche 25, am Ende der Woche 40 Blattläuse gezählt hat, so beträgt der Zuwachs 15 Blattläuse. Diesen Wert kann man als Prozentsatz der am Anfang der Woche vorhandenen Blattläuse ausdrücken:

$$\frac{\text{Zuwachs} \times 100}{\text{Anzahl zu Beginn des Versuchs}} \% = \frac{15 \times 100}{25} \% = 60 \%$$

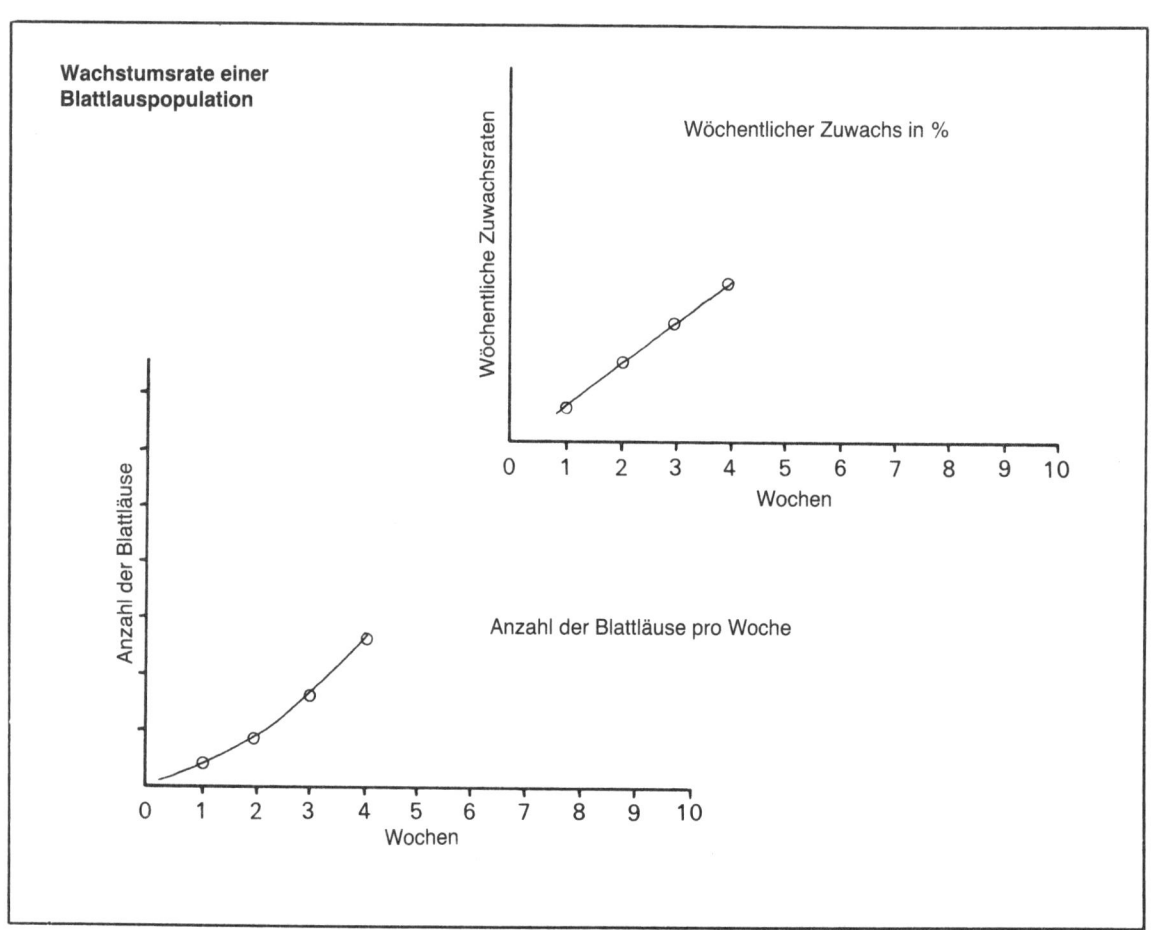

Wachstumsrate einer Blattlauspopulation

Wöchentliche Zuwachsraten

Wöchentlicher Zuwachs in %

Wochen

Anzahl der Blattläuse

Anzahl der Blattläuse pro Woche

Wochen

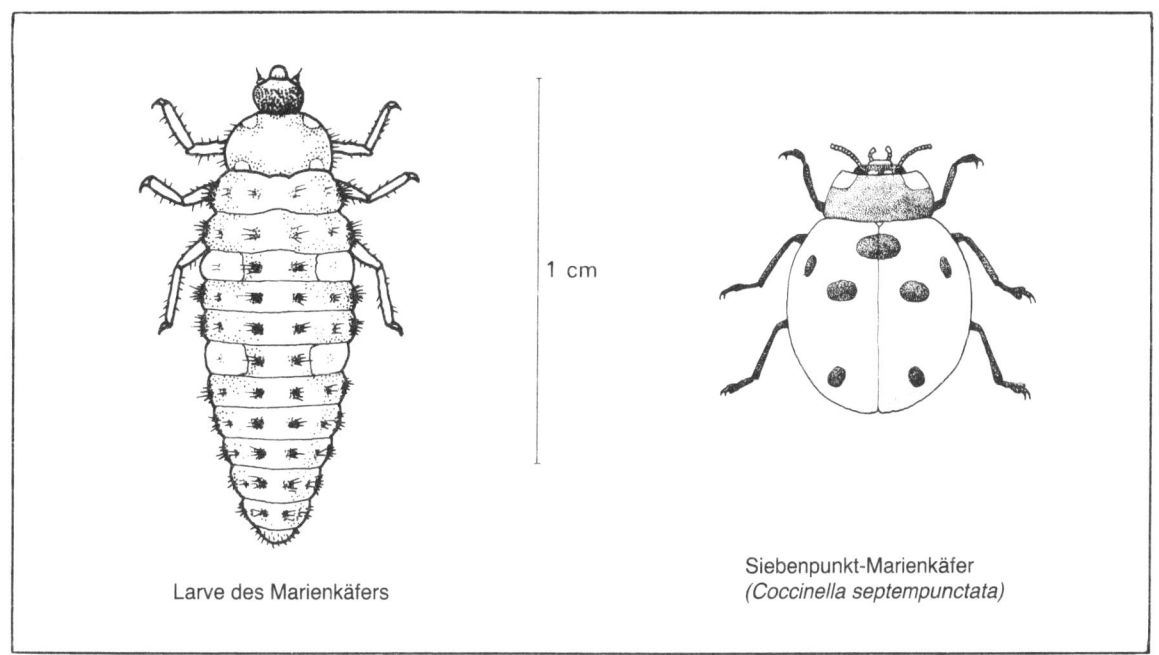

Larve des Marienkäfers

Siebenpunkt-Marienkäfer
(*Coccinella septempunctata*)

1 cm

Der prozentuale Zuwachs beträgt also 60 % in einer Woche. Am besten verfolgen wir einmal die prozentualen Zuwachsraten mehrerer aufeinanderfolgender Wochen. Welche Prozentzahlen treten auf? Zu welchem Zeitpunkt ist der prozentuale Zuwachs am größten? Wenn sich nur eine einzige Blattlaus mit der festgestellten Maximalrate vermehrt, wie viele Blattläuse würde es dann nach einem Jahr (= 52 Wochen) geben?

Wenn man in verschiedenen Anlagen verschiedene Blattlaus-Arten hält, kann man für jede Art ihre besonderen Zuwachsraten getrennt bestimmen und miteinander vergleichen. Gibt es dabei große Unterschiede von Art zu Art?

Hätten die Blattläuse in freier Natur keine Feinde, so wären bald alle Pflanzen von ihnen übersät, aber normalerweise werden die Blattläuse in freier Natur einigermaßen in Schranken gehalten. Dafür sorgen eine Menge Tiere, für die Blattläuse eine wichtige Nahrungsquelle sind. Die Singvögel gehören zu den besonders eifrigen Blattlausvertilgern. Aber auch verschiedene Schwebfliegen, Netzflügler oder die Larven und erwachsenen Tiere des Marienkäfers haben Blattläuse „zum Fressen" gern. Frisch geschlüpfte Marienkäfer-Larven ernähren sich auch von Blattlauseiern.

Setzen wir doch einfach einmal einige erwachsene Marienkäfer oder ein paar Käferlarven in eines unserer Blattlausgehege. (Käfer wie Larven findet man oft an solchen Pflanzen, die bereits von vielen Blattläusen befallen sind.) Wie beeinflussen die Blattlausjäger die Populationsgröße? Wie viele Blattläuse werden täglich oder wöchentlich von einem Käfer oder einer Käferlarve erjagt? Kann die Wachstumsrate mit der Verlustrate einigermaßen Schritt halten? Wie viele Blattläuse frißt eine Larve täglich, wie viele ein erwachsener Käfer?

5 Ein Wassertropfen-Mikroskop

Mit einem Mikroskop eröffnet sich eine ganz neue Welt für uns – die Welt der Kleinlebewesen. Ein Mikroskop ist jedoch nicht billig – ersatzweise können wir uns aber mit Materialien, die in jedem Haushalt vorhanden sind ein Wassertropfen-Mikroskop basteln, mit dem man auch schon recht viel entdecken und beobachten kann.

Was wir brauchen

Etwas steifes Aluminium, das man sich z. B. aus einer leeren Cola-Dose zurechtschneidet
Einen Holzwürfel im Format von etwa 4 × 4 × 4 cm

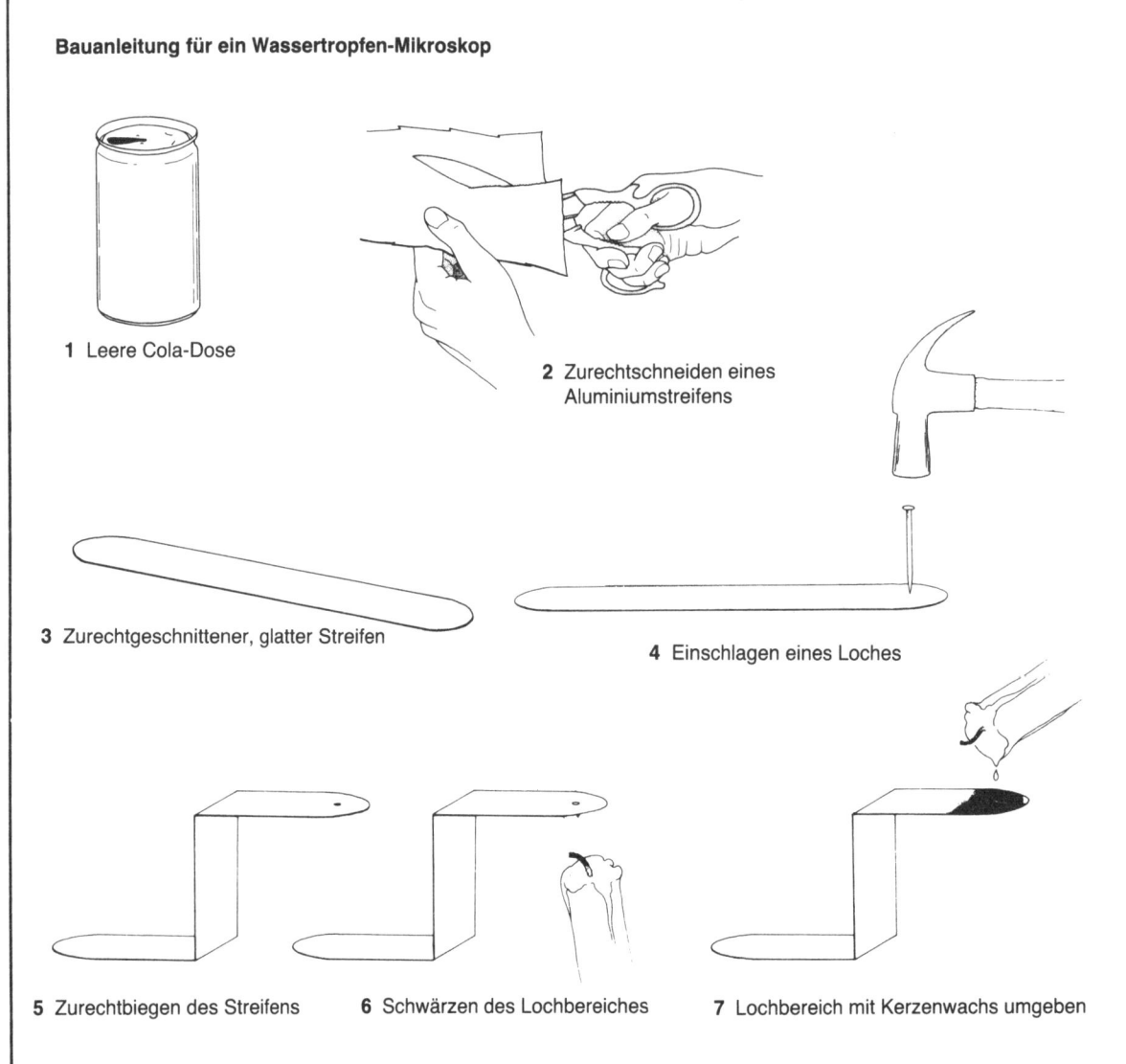

Bauanleitung für ein Wassertropfen-Mikroskop

1 Leere Cola-Dose

2 Zurechtschneiden eines Aluminiumstreifens

3 Zurechtgeschnittener, glatter Streifen

4 Einschlagen eines Loches

5 Zurechtbiegen des Streifens

6 Schwärzen des Lochbereiches

7 Lochbereich mit Kerzenwachs umgeben

**2 kräftige Gummiringe
Eine Kerze
Hammer** und **Nagel
Eine kräftige Schere**

Wir bauen uns ein Wassertropfen-Mikroskop

1 Vorbedingung für den Bau eines Wassertropfen-Mikroskopes ist eine leere Getränkedose.
2 Zuerst schneiden wir aus einer Getränkedose einen Aluminiumstreifen von ungefähr 10 cm Länge und 1 cm Breite aus.

3 Da der Aluminiumstreifen sich nach dem Ausschneiden mit Sicherheit rollt, wird er zunächst mit dem Hammer auf einer glatten, festen Unterlage flachgeklopft.
4 Dann wird mit dem Nagel kurz vor der Spitze des Aluminiumstreifens ein kleines Loch eingeschlagen. Dabei muß man aufpassen: Das Loch darf nicht zu groß geraten. Schon ein leichter Hammerschlag treibt die Nagelspitze durch das Blech, und genau dieses Loch ist gerade groß genug für unsere Zwecke. Auf keinen Fall sollte es so groß werden, daß der gesamte Nagel gerade durchpaßt.
5 Nach diesen Vorarbeiten biegt man den Blechstreifen treppenförmig zurecht (siehe Abbildung).

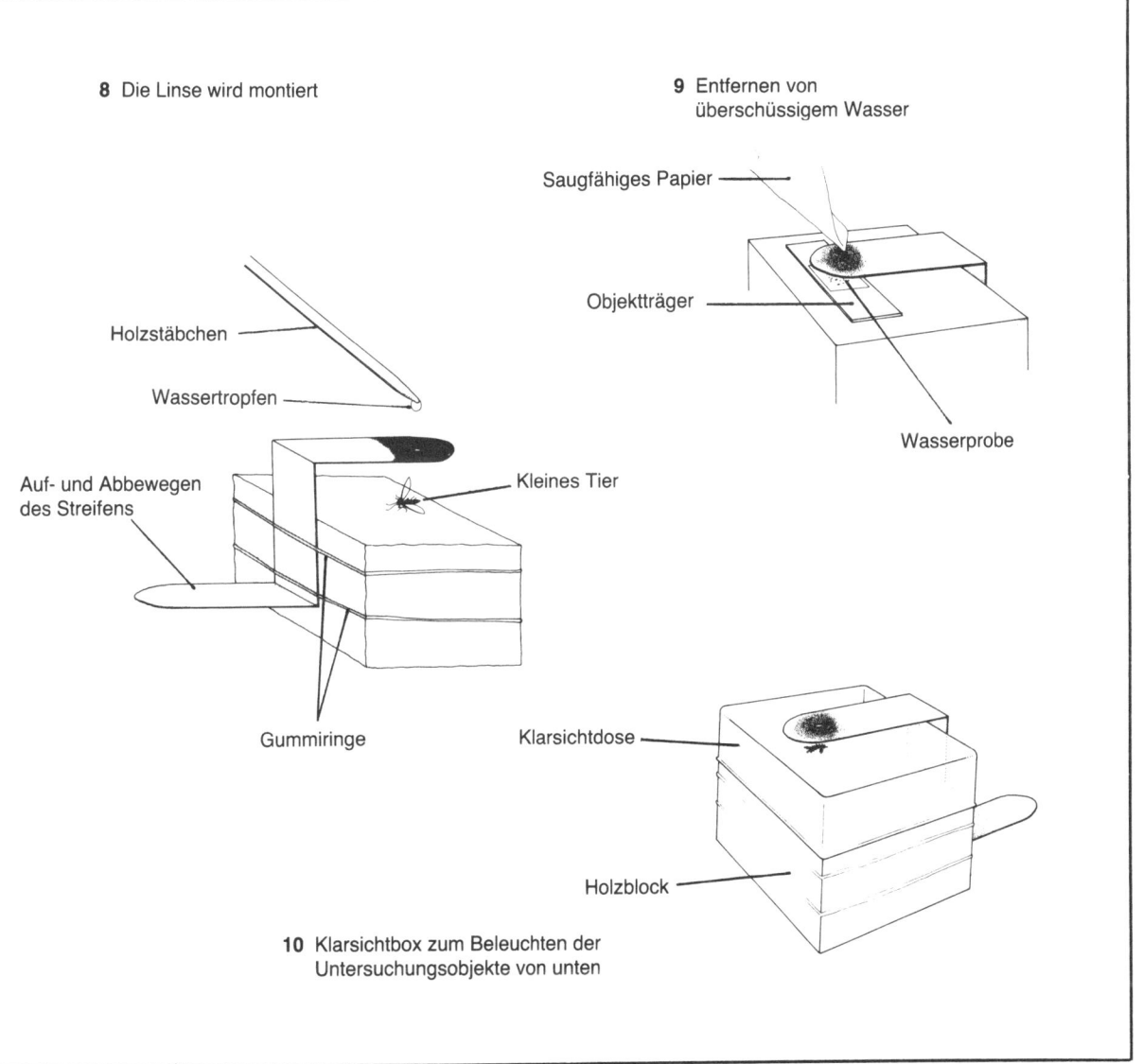

8 Die Linse wird montiert

9 Entfernen von überschüssigem Wasser

Saugfähiges Papier

Objektträger

Holzstäbchen

Wassertropfen

Wasserprobe

Auf- und Abbewegen des Streifens

Kleines Tier

Gummiringe

Klarsichtdose

Holzblock

10 Klarsichtbox zum Beleuchten der Untersuchungsobjekte von unten

6 Nun wird eine Kerze angezündet und das gelöcherte Ende des Aluminiumstreifens in die Flamme gehalten. Das Blech sollte ziemlich tief in die Flamme gehalten werden, damit viel Ruß entsteht und sich die Spitze des Streifens langsam schwärzt. Es sollte jedoch nur der Bereich um das Loch angerußt werden! Den Streifen lassen wir anschließend auf etwas gefalteter Zeitung oder Küchenpapier erkalten.

7 Bevor das Blech völlig erkaltet ist, tropfen wir Kerzenwachs auf die Blechspitze mit dem Loch. Das Wachs sollte sich schön gleichmäßig um das Loch verteilen. Die Rückseite erhält ebenfalls einen Wachstropfen.

8 Mit zwei Gummiringen wird der gebogene Streifen nun an einem Holzwürfel befestigt und mit einem angespitzten Holzstab ein Wassertropfen in das Loch gesetzt: Das Wassertropfen-Mikroskop ist fertig!

Der Tropfen im Blechloch wirkt wie eine richtige Linse aus Glas. Da der Tropfen ziemlich klein und nahezu kugelrund ist, hat er natürlich eine sehr kurze Brennweite und muß deshalb sehr nahe an die Objekte herangeführt werden, die man untersuchen möchte.

Das Geheimnis des richtigen Einsatzes des Wassertropfen-Mikroskopes besteht aus zwei Tricks: Einmal muß das Mikroskop ganz dicht beim Objekt sein, zum andern muß man aber auch mit dem Auge sehr nahe heran.

Am besten erprobt man das „Mikroskop" mit einem Stück Zeitung. Dazu legen wir ein Stück bedrucktes Zeitungspapier unter die Linse auf den Holzblock und bewegen dann den Blechstreifen in seiner Gummiband-halterung ein wenig auf und ab. Dabei beobachtet man von oben, ob etwas zu erkennen ist. Bei einem bestimmten Abstand zwischen Loch und Objekt wird ein stark vergrößertes Bild der Druckbuchstaben zu erkennen sein. Wenn man statt des Zeitungspapiers ein kleines Lineal verwendet, kann man ungefähr abschätzen, wie stark das Wassertropfen-Mikroskop vergrößert.

9 Wenn der Tropfen im Blechloch nahezu kugelig ist, wird er wahrscheinlich zu stark vergrößern. Dann nehmen wir einen Streifen Löschpapier oder anderes saugfähiges Material und halten es für einen Augenblick an den Wassertropfen: Sofort wird etwas Wasser abgezogen, so daß sich der Tropfen verkleinert. Er ist dann nicht mehr so stark gewölbt und vergrößert deshalb nicht mehr so stark wie vorher, die Objekte können wesentlich besser beobachtet werden.

Nach 5–10 Minuten wird der Tropfen von selbst kleiner und kleiner, da ein Teil des Wassers durch Verdunstung verlorengeht. Dann muß man zunächst den Blechstreifen in seiner Halterung etwas höher schieben, da jetzt auch die Brennweite der Wassertropfenlinse zunimmt. Nach einiger Zeit muß der Tropfen aber erneuert werden.

10 Manche Objekte kann man viel besser beobachten, wenn sie von der Rückseite beleuchtet oder zumindest erhellt werden. Unser Wassertropfen-Mikroskop läßt auch diese Art der Beleuchtung zu (die man an einem großen Mikroskop Durchlicht- oder Hellfeldtechnik nennt). Am besten befestigt man den Aluminiumstreifen an einer Klarsichtdose aus hellem, durchscheinendem Kunststoff. Um noch mehr Licht zur Verfügung zu haben, kann man drei Seiten der Klarsichtdose von innen mit glatter Aluminiumfolie auskleiden.

Lebewesen, die man gesehen haben sollte

Es gibt eine Unmenge kleiner Lebewesen im Aquarium (siehe Kapitel 2), im Boden (siehe Kapitel 8) oder an beliebigen anderen Stellen im oder am Haus. Um diese Kleinlebewesen (Mikroorganismen) für die Beobachtung im Mikroskop zur Verfügung zu haben, setzen wir einen sogenannten **Heuaufguß** an:

Dazu schneiden wir etwas getrocknetes Gras oder Heu in kleine, ungefähr fingerlange Stücke, gießen Wasser darüber und lassen das Ganze einmal aufkochen. Von dieser „Grassuppe" können sich eine Menge kleinster Wasserbewohner prächtig ernähren.

Die gut abgekühlte Grassuppe wird zusammen mit den

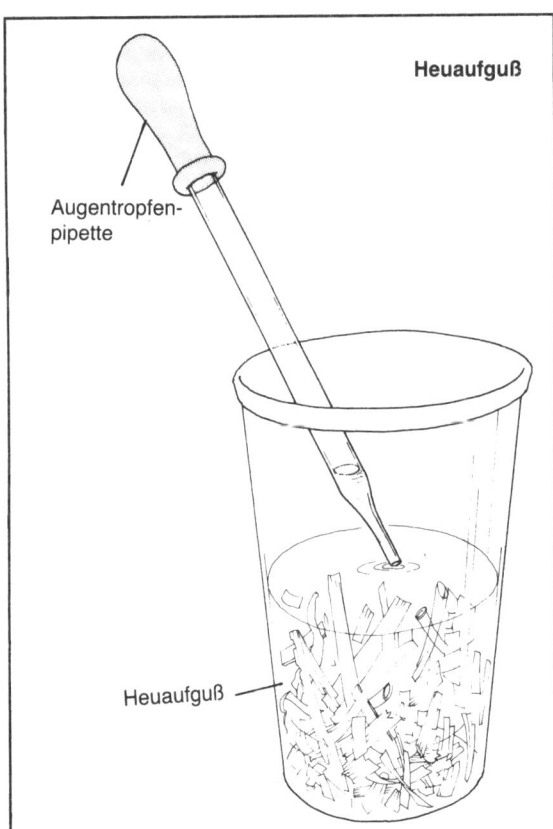

Heuaufguß

Augentropfen-pipette

Heuaufguß

Mikroorganismen, die man im Wasser finden kann

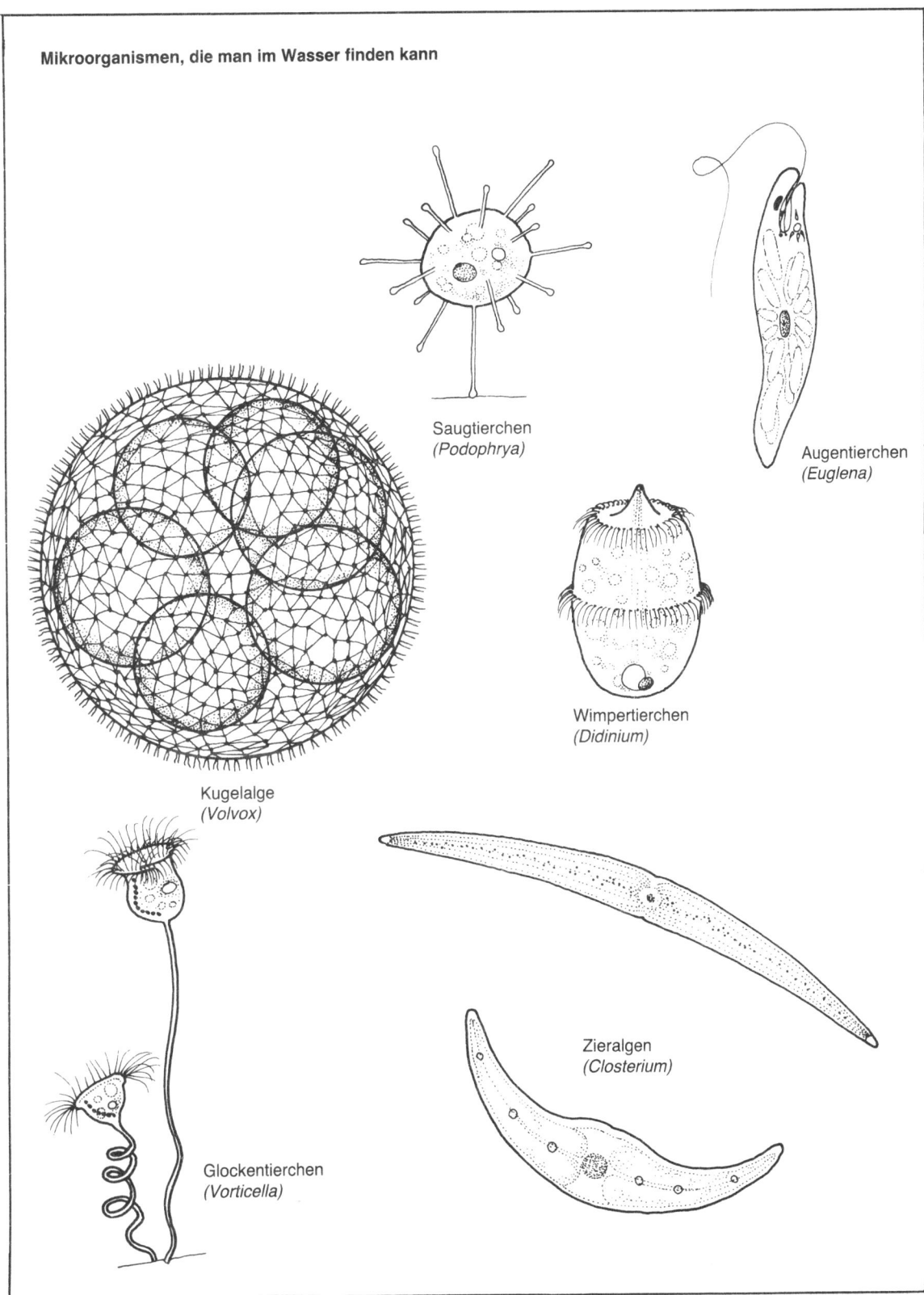

Saugtierchen
(Podophrya)

Augentierchen
(Euglena)

Wimpertierchen
(Didinium)

Kugelalge
(Volvox)

Zieralgen
(Closterium)

Glockentierchen
(Vorticella)

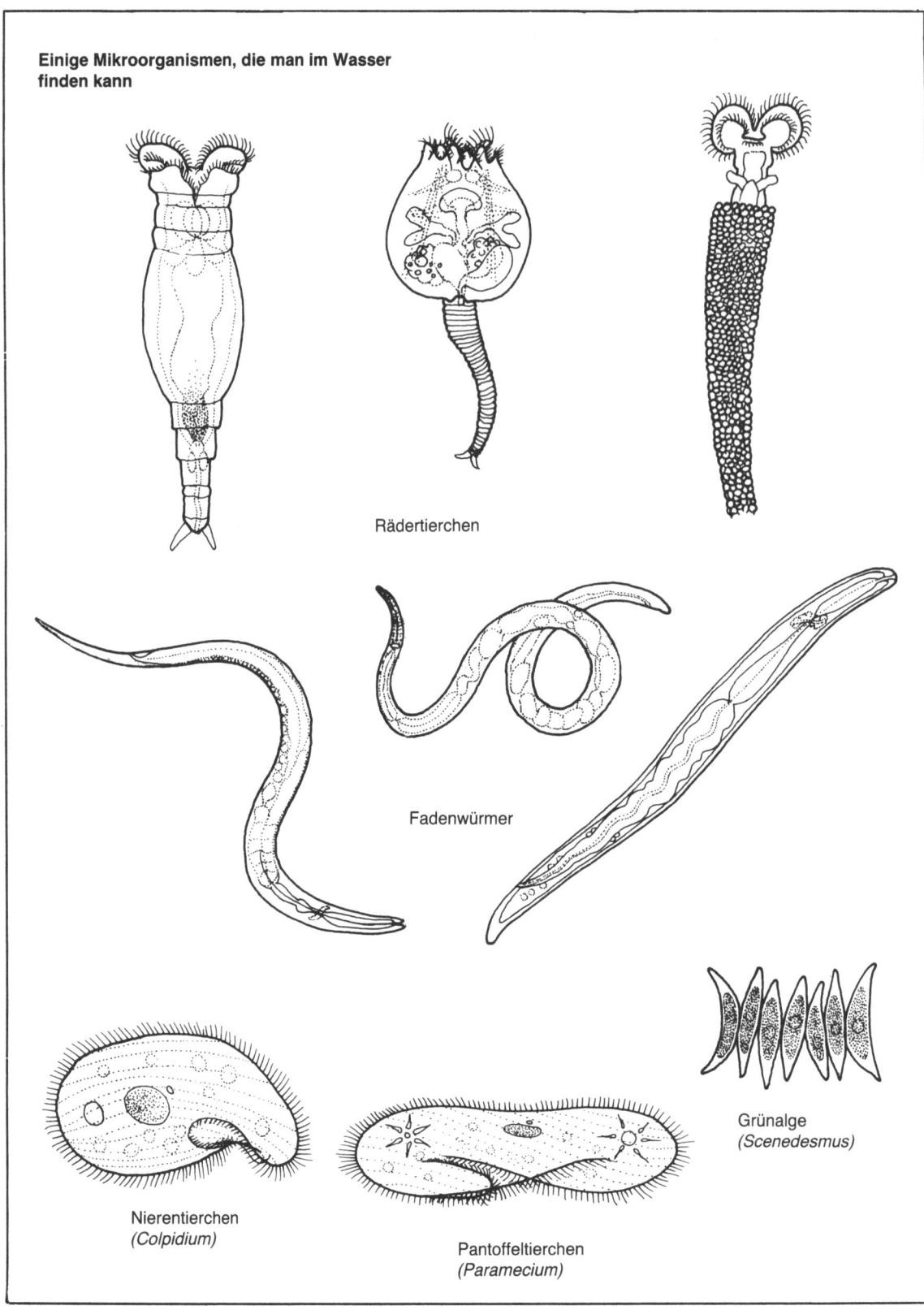

Einige Mikroorganismen, die man im Wasser finden kann

Rädertierchen

Fadenwürmer

Nierentierchen
(Colpidium)

Pantoffeltierchen
(Paramecium)

Grünalge
(Scenedesmus)

Halm- und Blattstücken in ein Konfitürenglas oder einen entsprechenden Behälter gegossen. Dazu gibt man noch eine Portion Gras- oder Heustücke, die nicht gekocht wurden, und läßt den Ansatz ein paar Tage stehen. Anstelle der Heustücke kann man auch 2–3 Teelöffel Blumen- oder Gartenerde oder ein paar tote Blätter aus dem Fallaub einsetzen. Mit den unbehandelten Pflanzenstücken kommen eine Menge Keime in die Grassuppe, in der sie sich dann rasant entwickeln.

Der Heuaufguß oder die Kultur, wie wir den Ansatz jetzt nennen wollen, kommt in ein warmes Zimmer. Das Gefäß sollte mit einem Wattepfropfen verschlossen werden, damit nicht zuviel Wasser verdunstet. Mit einer Augentropfenpipette (die man in einer Apotheke sicher geschenkt bekommt) nimmt man nach etwa einer Woche ein paar Tropfen Wasser aus der Kultur. (Dabei sollte die Wasseroberfläche im Kulturgefäß so wenig wie möglich gestört werden.)

Die Wassertropfen werden zur weiteren Untersuchung im Selbstbaumikroskop auf einen Objektträger oder einen Streifen durchsichtige, aber steife Acetatfolie gebracht. (Zu diesem Zweck sollte man den Aufbau mit der durchsichtigen Dose [10] verwenden.)

Viele wasserlebende Kleinlebewesen schwimmen im Wassertropfen so rasch umher, daß sie nicht allzu lange im Gesichtsfeld bleiben. Möglichkeiten, wie man sie etwas im Bewegungsdrang abbremsen kann, sind z. B. ein paar Baumwollfädchen aus einem Wattebausch oder ein kleiner Tropfen Tapetenkleister, den man mit dem Wassertropfen vermischt.

Wie sehen die Lebewesen aus einer Probe vom Boden des Kulturgefäßes, wie die Oberfläche der Kultur aus? Sitzen an den Pflanzenstückchen auch Lebewesen? Finden wir an verschiedenen Tagen immer die gleichen Mikroorganismen, oder treten neue auf? Verschwinden welche?

Wenn man die Kultur 2–3 Tage oder gar eine Woche später noch einmal gründlich untersucht, wird man mit ziemlicher Sicherheit neue, andere Wasserorganismen entdecken. Wenn man einen Heuaufguß nur lange genug stehenläßt und verschiedene Bereiche aus der Kultur im Mikroskop durchmustert, kann man ungefähr verfolgen, wie sich verschiedene Bevölkerungswellen unterschiedlicher Mikroorganismen im Kulturgefäß ablösen.

Zum Bestimmen der Mikroorganismen eignet sich:

STREBLE/KRAUTER: Das Leben im Wassertropfen. Kosmos-Verlag, Stuttgart, 1982

6   Unsere Wurmfarm

Regenwürmer sind außerordentlich interessante und dankbare Untersuchungsobjekte. Obwohl sie ausgesprochen häufig sind und überall in der Erde leben, weiß man nur wenig von ihrem Leben und ihren Lebensäußerungen. Man kann jedoch sehr viel über diese Tiere erfahren, wenn man ein paar von ihnen in einer speziellen „Wurmfarm" hält.

Was wir brauchen

Einige auf Maß geschnittene Holzstücke
1 Brett (53 cm lang, 9 cm breit und 13 mm dick) als Boden
2 Bretter (30 cm lang, 7 cm breit und 13 mm dick) als Seitenteile
1 Leiste (30 cm lang, 32 mm breit und 13 mm dick) als Bodenleiste
2 Leisten (28,4 cm lang, 32 mm breit und 13 mm dick) als Seitenleisten
6 Stück Viertelstäbe (jedes 30 cm lang und 13 mm dick) zum Befestigen der Glasscheiben
2 Glasscheiben (quadratisch, je 30 cm Seitenlänge)
2 Eisenwinkel (75 mm lang)
Einige 20 mm lange Nägel
Einige 10-mm-Holzschrauben zum Montieren der Eisenwinkel
Ein Stück Fliegendraht oder **Kunststoffnetz** im Format 30 × 7,5 cm
Ein Stück schwarzen Karton
Kaltleim (z. B. Ponal)
Etwas Farbe oder **farblosen Lack** zum Lasieren

Eine Wurmfarm entsteht

Bevor wir mit dem Bau unserer Wurmfarm beginnen, sollten wir die Anleitung auf der gegenüberliegenden Seite ganz genau ansehen! Dann legen wir uns alle fertig zugeschnittenen Holzteile zurecht und beginnen mit dem Aufbau des Bodens.

1 Auf dem Bodenbrett (53 cm lang) wird die 30 cm lange Leiste angebracht, und zwar so, daß sie in der Mitte liegt. Rechts und links dieser Bodenleiste wird dann je ein Viertelstab befestigt. (Die Viertelstäbe müssen vor dem Befestigen an beiden Enden im Winkel von 45° abgeschrägt werden. Mit einer Laubsäge ist das gut zu schaffen.) Der Zwischenraum zwischen der schmalen Bodenleiste und den Viertelstäben muß so weit sein, daß die beiden Glasscheiben gerade hineinpassen und Halt finden. Bodenleiste und Viertelstäbe werden

an der Unterseite mit Leim bestrichen und festgeklebt. Die schmale Bodenleiste sollte zusätzlich noch mit ein paar Nägeln befestigt werden.

2 Als nächstes werden die Seitenteile hergestellt. Zuerst werden die 4 verbliebenen Viertelstäbe jeweils an einem Ende im Winkel von 45° abgeschrägt. Dann kleben wir auf ein Seitenbrett die schmalere Seitenleiste und rechts und links davon je einen Viertelstab. Darauf achten, daß die beiden abgeschrägten Seiten an einem Ende sind! Achte auf die Zwischenräume, in die die Glasscheiben eingelassen werden sollen!

3 Wenn der Leim erhärtet ist, werden die Seitenteile mit je einem Winkeleisen auf dem Bodenbrett montiert. Die Winkel sollten zuerst an den Seitenteilen festgeschraubt werden. Wenn wir die Viertelstäbe gut angeschrägt haben, passen nun die Winkel von Bodenleiste und Seitenleiste tadellos zusammen und ergeben einen lückenlosen Rahmen. Bevor wir nun die beiden Glasscheiben hineinschieben, werden in die beiden aufeinandergeleimten Bodenbretter noch zwei Abzuglöcher gebohrt.
Damit der Holzrahmen nicht so schnell fault, sollten die Holzteile noch durch einen Anstrich geschützt werden. Es genügt schon, wenn man den Holzrahmen zweimal gründlich mit einem farblosen Holzlack streicht. Falls man jedoch eine farbige Wurmfarm haben möchte, kann man als zweite Schicht auch einen farbigen Sprühlack verwenden.
Während Leim und Farbe trocknen, fertigen wir aus schwarzem, lichtundurchlässigem Karton eine Abdeckhaube für unsere Farm, die lose über das Farmgebäude aus Holz und Glas passen soll. (Eine etwas stabilere Ausführung kann man sich leicht aus Sperrholzbrettchen zusammensetzen. Die Einzelteile werden aufeinander verleimt und genagelt, wobei allerdings zu beachten ist, daß in den Ecken jeweils eine schmale Holzleiste zur Erhöhung der Standfestigkeit eingeplant werden muß.)
Um sicherzustellen, daß die Würmer ihre Farm nicht unkontrolliert verlassen, wird sowohl über den beiden Abzugslöchern als auch über der offenen Oberseite eine Abdichtung aus Draht- oder Netzmaterial angebracht.

4 Nun braucht man genügend Gartenerde, mit der wir die Wurmfarm füllen. Es sollte kein schwerer Lehmboden sein, sondern eine schöne lockere und krümelige Gartenerde, der noch etwas gut verrottetes Kompost-

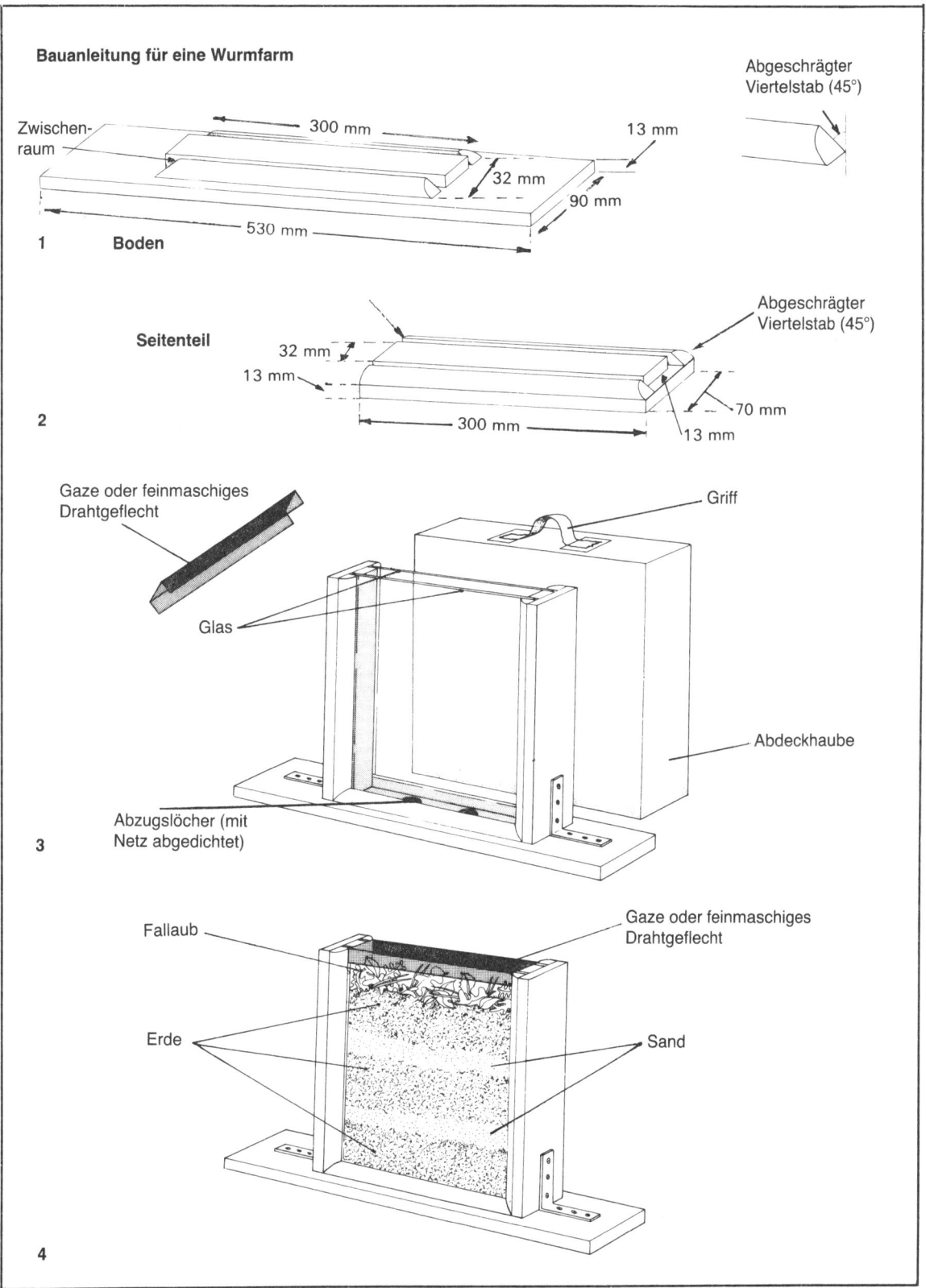

Bauanleitung für eine Wurmfarm

Abgeschrägter Viertelstab (45°)

Zwischenraum

300 mm

13 mm

32 mm

90 mm

530 mm

1   **Boden**

Abgeschrägter Viertelstab (45°)

Seitenteil

32 mm

13 mm

300 mm

70 mm

13 mm

2

Gaze oder feinmaschiges Drahtgeflecht

Griff

Glas

Abdeckhaube

Abzugslöcher (mit Netz abgedichtet)

3

Fallaub

Gaze oder feinmaschiges Drahtgeflecht

Erde

Sand

4

33

material beigemischt sein kann. Vorsichtig wird die Erde Schicht für Schicht eingefüllt und die Lagen gleichmäßig mit einem Holzstab oder Löffel verteilt. Die Füllung sollte locker und nicht allzu dicht gepackt werden! Zwischen die einzelnen Erdschichten kann man eine oder zwei Lagen Sand einschalten, anhand derer man dann beobachten kann, wie die Würmer diese Schichten mit der Restfüllung nach und nach vermischen. Die obersten 5 cm unter dem Rand werden nicht mit Erde beschickt. In diesen freibleibenden Raum kann man dann Fallaub aus der Laubstreu im Garten oder Wald einfüllen. Die Wurmfarm wird dann in einem kühlen Raum oder draußen aufgestellt – warme oder gar beheizte Zimmer sind ungeeignet. Die Bodenfüllung der Farm sollte immer feucht gehalten, auf keinen Fall aber mit Wasser durchtränkt werden! Es genügt, wenn ab und zu etwas Wasser auf die obersten Schichten gesprengt wird.

Auf Wurm-Safari

Für eine Wurmfarm der vorgeschlagenen Größe braucht man etwa 5 Regenwürmer. Sicher ist es nicht schwer, im Garten oder beim Haus Stellen zu finden, an denen sich ein paar größere Würmer aufhalten. Unter größeren

Holzstücken oder Steinen hat man große Chancen, Regenwürmer zu finden. Auch Laubstreu ist eine gute Fundgrube, man muß sie allerdings ganz vorsichtig abtragen. Wenn die aufgestöberten Würmer eilends in ihre Wohnlöcher flüchten, darf man sie auf keinen Fall daraus hervorziehen: Mit ihren Körperborsten können sie sich in den engen Röhren erstaunlich gut festhalten, und man zerreißt eher den Wurm, als daß dieser losläßt. Eine gute Gelegenheit, auf Würmer-Safari zu gehen, ergibt sich beim Umgraben der Pflanzbeete im Garten oder wenn man im Dunkeln mit der Taschenlampe in den Garten geht; zu dieser Zeit wird man sicher eine Menge Würmer auf den Wegen oder auf dem Rasen antreffen. Hat man 5 Würmer beisammen, dann setzt man sie oben auf die Bodenfüllung der Wurmfarm, legt die Netzabsperrung darüber und stülpt auch den Lichtschutz auf, damit kein Licht auf oder in die Farm fällt. Würmer sind ziemlich lichtempfindlich. Die Dunkelheit unter dem Lichtschutz sagt ihnen schon eher zu, und bald werden sie sich in der Farm neue Wohnröhren in die Erde gebuddelt haben. Wenn man nun den Überstülpschutz etwas anhebt, kann man die Würmer recht gut in der Erde „graben" sehen.
Mit ein paar einfachen Versuchen kann man nun eine Menge wissenswerter Einzelheiten über die Regenwür-

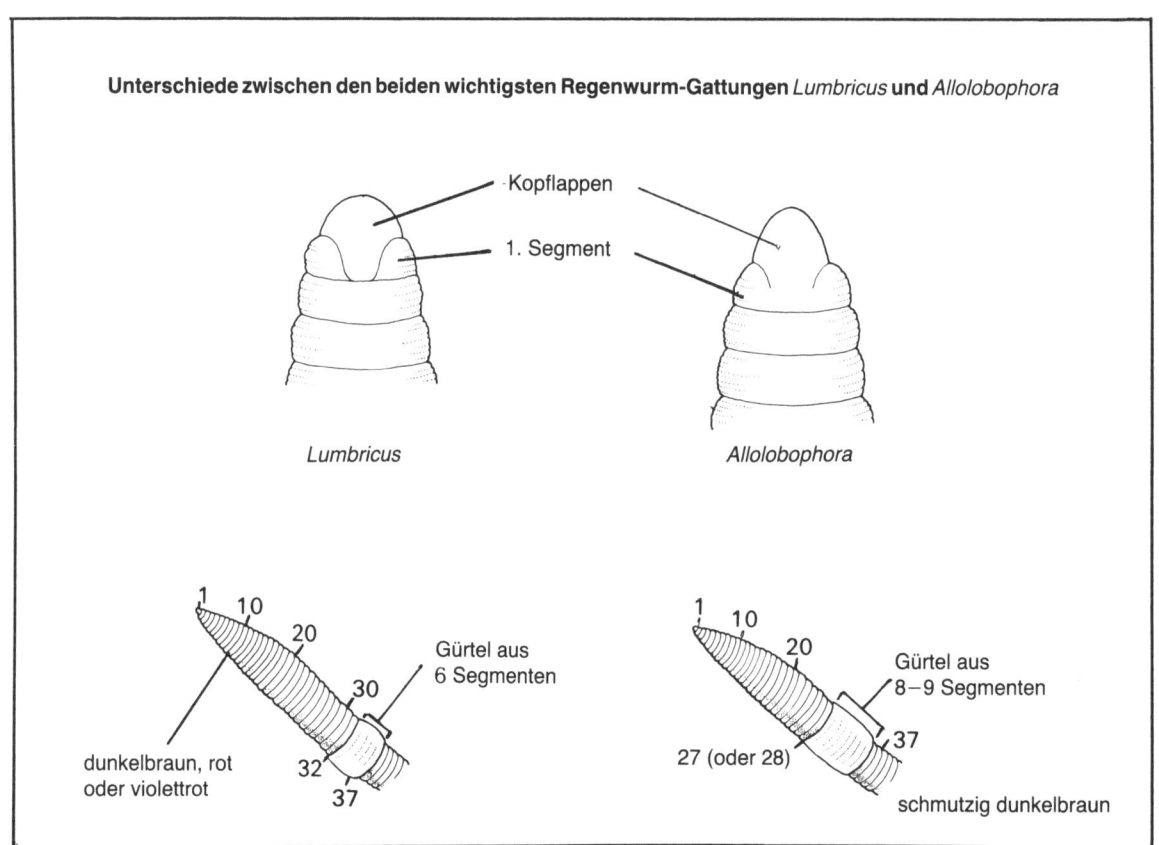

Unterschiede zwischen den beiden wichtigsten Regenwurm-Gattungen *Lumbricus* und *Allolobophora*

Kopflappen

1. Segment

Lumbricus

Allolobophora

1
10
20
30
Gürtel aus
6 Segmenten
dunkelbraun, rot
oder violettrot
32
37

1
10
20
Gürtel aus
8–9 Segmenten
27 (oder 28)
37
schmutzig dunkelbraun

mer herausfinden. Zum Beispiel auf die Frage, was die Würmer eigentlich fressen. Dazu legen wir einfach verschiedene Nahrung auf die Laubstreu in der Farm und prüfen nach einer Weile, was die Würmer davon aufgenommen haben. Beginnen wir einfach mit einem Angebot verschiedener frischer Blätter, etwa von Linde, Pappel, Ahorn, Holunder, Löwenzahn oder Bingelkraut. Nehmen die Würmer lieber lebende oder tote Blätter an? Versuchen sie sich auch an Stengeln und Wurzeln? Mögen sie auch tote Insekten oder kleine Stückchen Fleisch? Fressen die Würmer während des ganzen Tages oder nur zu bestimmten Zeiten?

Wir sollten auch einmal ganz genau die Bewegungen der Würmer verfolgen. Können sie sich auf einer glatten Unterlage eigentlich fortbewegen? Wenn ja, warum? Dazu legen wir einen Wurm einmal auf ein glattes Butterbrot- oder Zeitungspapier und hören genau hin, was sich bei seinen Bewegungen ereignet. Wir können auch einmal ganz sacht über die Seiten des Wurmes streichen, was können wir da fühlen?

Manche Würmer verstopfen übrigens ihre Wohnröhren, indem sie Blätter oder Blattstücke hineinziehen. Damit sind sie vor allem während der Nacht beschäftigt. Vielleicht haben wir auch das Glück und finden eines Tages Eikapseln in der Wurmfarm. (Da wir die Erdfüllung der Farm ohnehin einmal im Monat wechseln sollten, sind Funde von Eikapseln [Eikokons] durchaus nicht unwahrscheinlich.) Diese Eikapseln sind ziemlich hart, von mittelbrauner Färbung und etwa 5 mm lang. Hat man welche gefunden, so legt man sie in eine kleine Schachtel oder ein Glas und wartet auf das Schlüpfen der Würmer. Den Ei-Behälter müssen wir allerdings mit etwas feuchtem Moos auslegen, damit die Luftfeuchtigkeit immer richtig eingestellt ist – die Eier also nicht vertrocknen. Obwohl jeder Eikokon mehrere Eier enthält, wird wahrscheinlich nur aus einem Ei ein junger Wurm schlüpfen.

Wurm ist nicht gleich Wurm

Es gibt nicht nur einfach Regenwürmer draußen im Garten, sondern eine ganze Anzahl verschiedener Arten, die sich im Aussehen und in der Wahl ihrer Lebensräume alle unterscheiden. Zu den häufigeren Arten gehören die Vertreter der beiden Gattungen Allolobophora und Lumbricus, sämtlich in der Umgangssprache als Regenwürmer bezeichnet. Die Würmer der Gattung *Allolobophora* setzen an der Oberfläche, beispielsweise im Rasen, kleine Kothäufchen ab, an denen man ihre Anwesenheit sofort erkennt. Von den Würmern der Gattung *Lumbricus* unterscheiden sie sich aber auch durch verschiedene äußere Merkmale. Die untenstehenden Zeichnungen geben uns einige brauchbare Hinweise.

7 Die Raupen-Schau

Die Raupen von Tag- und Nachtfaltern durchlaufen verschiedene Wachstumsstadien. Jedesmal wenn ihnen ihre Haut zu eng geworden ist, steigen sie aus ihr heraus wie aus einem Overall und können nunmehr wieder ein Stück wachsen. Wenn die Larven (Raupen) erwachsen sind, verpuppen sie sich. In der Zeit der Puppenruhe vollzieht sich die Umwandlung zum fertigen Schmetterling.

Wenn man zu Hause Schmetterlingsraupen hält, kann man viele aufregende Dinge aus dem Leben der Schmetterlinge beobachten: Das Wachstum der Raupen, Verpuppungsvorgänge, das Schlüpfen der Falter und die Entfaltung der Flügel sind die wichtigsten Stationen und Programmpunkte der Raupen-Schau. Vielleicht kann man sogar noch beobachten, wie der frisch geschlüpfte Schmetterling zum erstenmal Nahrung aufnimmt – spätestens jetzt aber sollte man das Tier freilassen!

Was wir brauchen

Zuchtkästen für die Raupen Man kann solche Zuchtkästen im Fachhandel erwerben oder aber auch selbst basteln.

Zum Selbstbau benötigt man:
Ein paar große (am besten durchsichtige) **Plastikflaschen** Gut geeignet sind alle Behälter von mehr als 2 Liter Inhalt (Bratöl und Mineralwasser werden in solchen Klarsichtflaschen verkauft.)
Ein Stück Nylongewebe
Etwas Acetatfolie (nicht unbedingt)
Klebeband
Watte
Ein kleines Konfitüren- oder Gurkenglas
Einen mittelgroßen Malpinsel, mit dem man die Raupen umsetzen kann

Wir bauen einen Raupenzuchtbehälter

Mit etwas bastlerischem Geschick und wenig Kosten kann man sich aus leeren, durchsichtigen Plastikflaschen und starker Klarsichtfolie selbst einen Raupenzuchtbehälter herstellen.

Für die eine Methode (1–4) benötigt man zwei große,

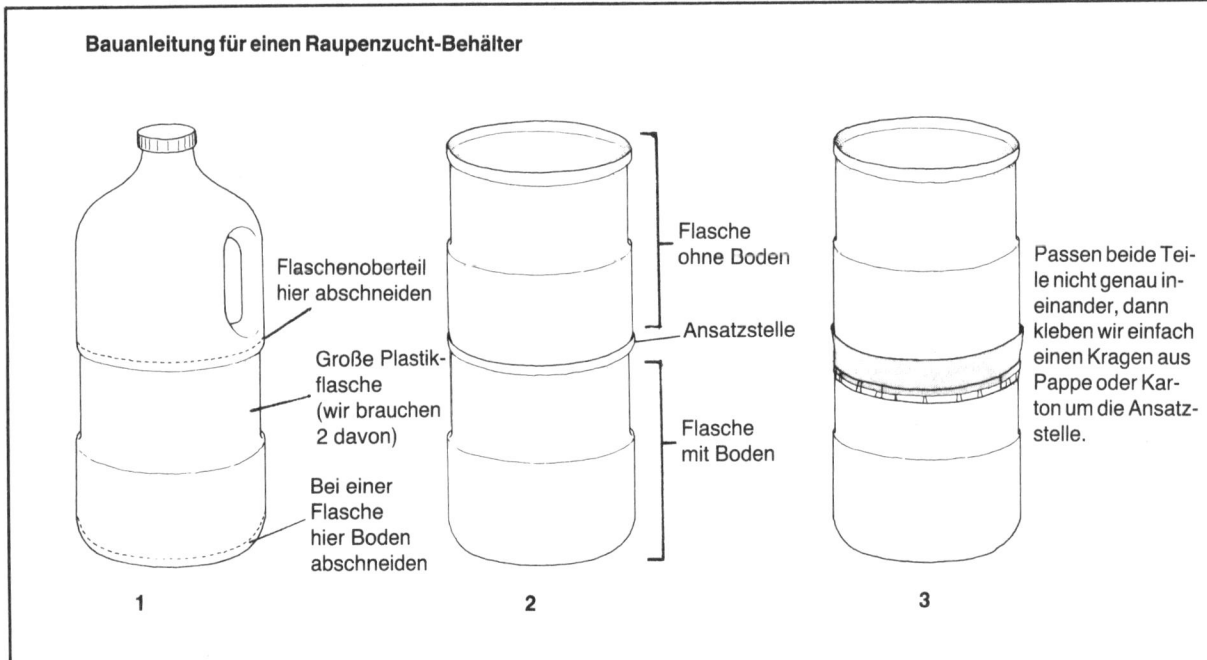

Bauanleitung für einen Raupenzucht-Behälter

Flaschenoberteil hier abschneiden

Große Plastikflasche (wir brauchen 2 davon)

Bei einer Flasche hier Boden abschneiden

Flasche ohne Boden

Ansatzstelle

Flasche mit Boden

Passen beide Teile nicht genau ineinander, dann kleben wir einfach einen Kragen aus Pappe oder Karton um die Ansatzstelle.

1   2   3

leere Plastikflaschen des gleichen Typs. Vor der Verwendung müssen die Flaschen gut mit Spülmittel gereinigt und danach mit klarem Wasser ausgespült werden. Von beiden Flaschen schneidet man den unteren Teil ab (**1**), ein solches Unterteil behält den Boden, beim anderen wird auch der Boden noch abgeschnitten. Danach setzt man die beiden Teile aufeinander (**2**) und befestigt sie mit Klebeband (**3**). Das Oberteil bekommt nun noch eine Abdeckung aus luftdurchlässiger Gaze (**4**) – fertig ist der Zuchtbehälter. Sollten die verwendeten Plastikflaschen nicht ganz durchsichtig sein – was natürlich die Beobachtung der Raupen sehr erschwert –, kann man ein Fenster in die Flasche schneiden (**5**), das man dann mit durchsichtiger Klarsichtfolie verschließt.

Eine andere Möglichkeit für einen Raupenzuchtbehälter besteht in der Kombination aus starker Klarsichtfolie und dem Unterteil einer Plastikflasche (**6**). Die Klarsichtfolie wird zu einem Zylinder zusammengerollt, der genau in den Flaschenboden paßt.

Der fertige Zuchtbehälter muß an eine geschützte, ungestörte Stelle gestellt werden, an der er keiner direkten Sonnenbestrahlung ausgesetzt ist.

Unsere Raupen-Schau

Grundsätzlich gibt es drei verschiedene Möglichkeiten, wie man die Raupen-Schau mit Leben erfüllen kann:

1 Schmetterlingseier einsetzen Wenn wir den „Zuchtbetrieb" mit Schmetterlingseiern beginnen, kön-

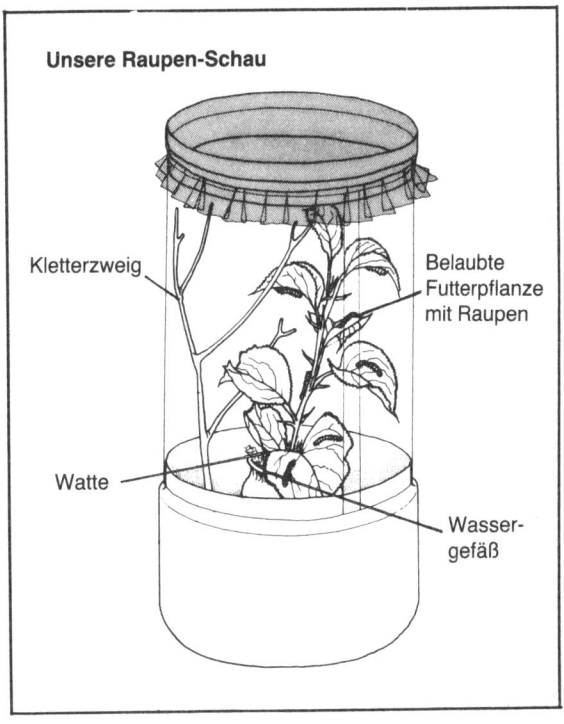

Unsere Raupen-Schau

Kletterzweig

Belaubte Futterpflanze mit Raupen

Watte

Wassergefäß

nen wir den gesamten Entwicklungsablauf natürlich viel vollständiger verfolgen.

Schmetterlinge legen ihre Eier gewöhnlich nur an Pflan-

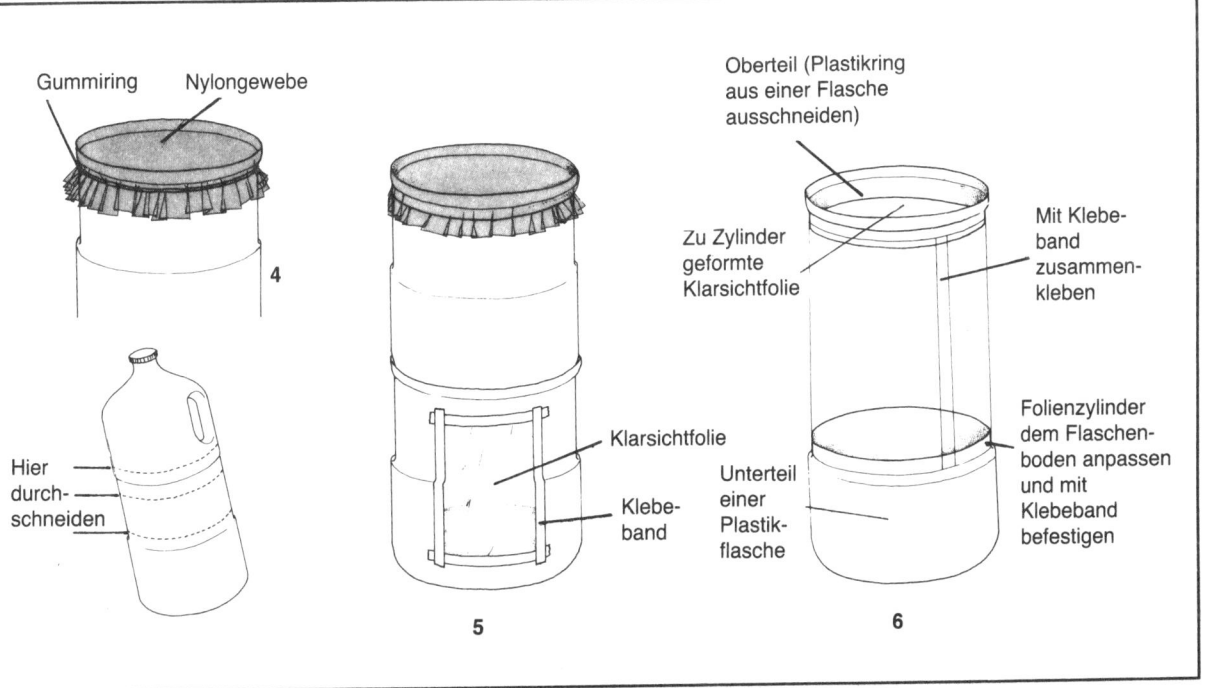

Gummiring   Nylongewebe

4

Hier durchschneiden

Klarsichtfolie

Klebeband

5

Oberteil (Plastikring aus einer Flasche ausschneiden)

Zu Zylinder geformte Klarsichtfolie

Mit Klebeband zusammenkleben

Unterteil einer Plastikflasche

Folienzylinder dem Flaschenboden anpassen und mit Klebeband befestigen

6

Schmetterlingseier und -raupen

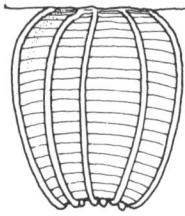

Tagpfauenauge

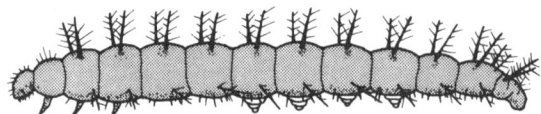

Tagpfauenauge

Kleiner Kohlweißling

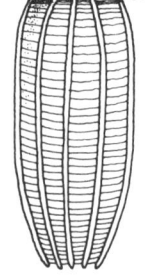

Kleiner Kohlweißling

Kleiner Fuchs

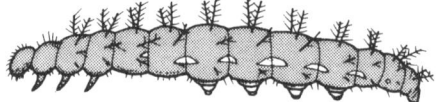

Admiral

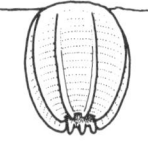

Kleiner Fuchs

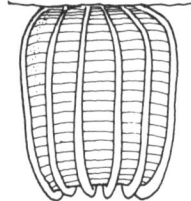

Admiral

(Die Schmetterlingseier sind in natürlicher
Größe etwa 1–2 mm lang)

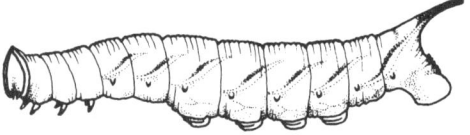

Lindenschwärmer

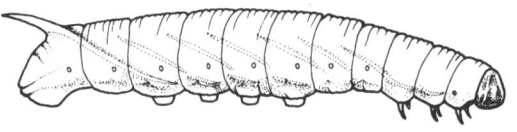

Pappelschwärmer

1 cm

zen ab. Jede Falterart zeigt in dieser Hinsicht ihre besonderen Vorlieben. Die meisten Schmetterlingsbücher enthalten eine Auflistung der Futterpflanzen unserer häufigeren Tag- und Nachtfalter. An diesen Pflanzen sind gewöhnlich auch die Gelege zu finden.
Hierzu einige Buchtips:
CARTER, D./PHILLIPS, R.: Das Kosmos-Buch der Schmetterlinge. Kosmos-Verlag, Stuttgart 1983
FRIEDRICH, E.: Handbuch der Schmetterlingszucht. Kosmos-Verlag, Stuttgart 2. Aufl. 1983
MERZ, E./PFLETSCHINGER, H: Die Raupen unserer Schmetterlinge. Erkennen und beobachten. Kosmos-Verlag, Stuttgart 1982
NOVAK/SEVERA: Der Kosmos-Schmetterlingsführer. Kosmos-Verlag, Stuttgart 1983

Hat man die Eier gefunden, so nimmt man sie mit dem Pflanzenteil und zusätzlich noch etwas weiterem Frischmaterial nach Hause und stellt die Pflanzen in einem Wassergefäß in den Raupenbehälter. Die Öffnung des Wasserglases muß zwischen den Pflanzenstengeln mit Watte verstopft werden, damit die ausgeschlüpften Jungraupen nicht gleich ins Wasser fallen und ertrinken! (Die Watte darf nicht bis in das Wasser reichen, da sie sich sonst vollsaugt, das Wasser schneller verdunsten kann und sich die Luftfeuchtigkeit im Raupenbehälter erhöht.) Grundsätzlich sollte die Atmosphäre im Raupengefäß nicht feucht sein. Wenn sich an der Gefäßinnenseite Kondenswasser niederschlägt, weil die eingestellten Pflanzen zuviel Wasser verdunsten, muß es mit einem Lappen oder Saugpapier abgewischt werden.
Sobald die Jungraupen aus den Eiern geschlüpft sind, muß immer frisches Futtermaterial zur Verfügung stehen! Verwendet werden jedoch nur solche Pflanzen, auf denen man auch die Schmetterlinge gefunden hat! Nach Möglichkeit sollte man die Raupen verschiedener Schmetterlingsarten nicht in ein und denselben Zuchtkasten setzen!

2 Raupen suchen Wenn man keine Schmetterlingseier finden kann, besteht immer noch die Möglichkeit, nach bereits geschlüpften Raupen in freier Natur Ausschau zu halten. Die günstigste Zeit hierfür sind die Monate Mai bis August. Zu diesem Zweck muß man die Gartenpflanzen, vor allem die Kohlarten, in regelmäßigen Abständen kontrollieren. Auch auf anderen Nutzpflanzen oder an vielen Laubbäumen lohnt sich die Suche nach Raupen. Fraßstellen und -spuren machen auf ihre Anwesenheit aufmerksam. Haben wir Raupen gefunden, so nehmen wir sie wieder zusammen mit der Futterpflanze nach Hause und stellen die Pflanzen ins Wasser. Nicht vergessen, die Vasenöffnung mit etwas Watte zustopfen! Um übergroße Feuchtigkeit im Raupengefäß zu vermeiden, sollte nur soviel Pflanzenmaterial wie nötig eingestellt werden! Vorräte kommen in ein eigenes Gefäß außerhalb der Zucht.

3 Insektenbörse Es gibt auch die Möglichkeit, sich über den Handel Schmetterlingseier oder Raupen beschaffen zu lassen. Dies empfiehlt sich besonders für solche Schmetterlingsarten, die in freier Natur schon fast ausgestorben sind. Wenn man Eier oder Raupen aus Labornachzuchten dieser Arten aufzieht und die Schmetterlinge anschließend freiläßt, leistet man einen wertvollen Beitrag zur Erhaltung dieser wunderschönen Insekten!
Wenn man Raupen oder Schmetterlingseier bestellen möchte, wendet man sich am besten an:
Entomologische Zeitschrift mit Insektenbörse. Alfred Kernen Verlag, Husmannshofstr. 10, 4300 Essen 1.

Um die Raupen-Schau gesund und munter zu halten, muß man unbedingt stets für genügend frisches Futter sorgen! Welkende oder fast abgefressene Pflanzenteile müssen sofort durch Frischmaterial der gleichen Pflanze ersetzt werden!
Solange die Raupen noch klein sind, können sie mit Hilfe eines Malpinsels vom alten auf das neue Pflanzenmaterial umgesetzt werden: Pinsel leicht befeuchten und anspitzen, mit der Haarspitze die Raupen anheben und vorsichtig auf das frische Pflanzenmaterial übertragen.
Die Raupen sollten auch dann nicht mit den bloßen Fingern angefaßt werden, wenn sie schon etwas größer geworden sind: Die Tiere sind recht empfindlich und können leicht verletzt werden! Größere Raupen suchen die frischen Futterpflanzen meist von selbst auf, wenn das Glas mit dem Nachschub so neben dem verbrauchten Pflanzenmaterial steht, daß die Blätter oder Stengel sich gegenseitig berühren. Innerhalb kurzer Zeit werden alle Raupen auf das frische Futter übergewandert sein.

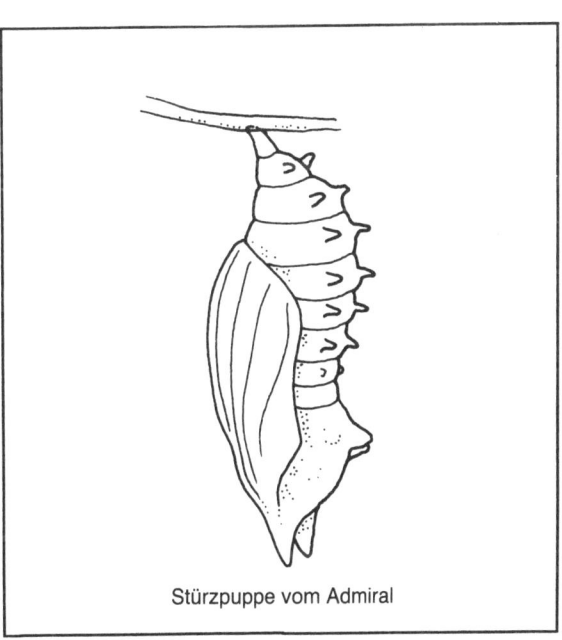

Stürzpuppe vom Admiral

Admiral   Tagpfauenauge

Raupen fressen sehr viel, produzieren also auch eine Menge Abfall, der sich am Boden des Zuchtgefäßes ansammelt. Wenn man nichts unternimmt, verpilzen die Abfälle sehr rasch und sind dann eine echte Gefahr für die Raupen. Der Raupenkäfig muß daher täglich gereinigt werden!

Viele Raupen benötigen zum Häuten eine feste Unterlage. Ein blattloser Zweig im Raupengefäß ist dafür bestens geeignet. Die Raupen dürfen beim Häutungsvorgang auf keinen Fall gestört werden, da die Häutung eine der kritischsten Phasen in der Raupenentwicklung ist. Wenn sie nicht ungestört ablaufen kann, wird die betreffende Raupe bald eingehen.

Nach einigen Wochen (wenn man mit größeren Raupen begonnen hat, auch schon nach 2–3 Wochen) sind die Raupen erwachsen und bereiten sich auf die Verpuppung vor. Auch bei der Wahl des Verpuppungsortes zeigen die verschiedenen Arten ihre besonderen Vorlieben. Die Weißlinge befestigen ihre Puppen beispielsweise an senkrechten Oberflächen, etwa an aufrechtstehenden Zweigen oder auch an den Wänden des Raupenbehälters. Andere Raupen graben sich in den Boden ein, bevor sie sich verpuppen. Wenn man Arten mit „Bodenpuppen" züchtet, muß man ihnen genügend Bodenmaterial anbieten. Sobald man beobachtet, daß die Raupen unruhig auf dem Boden des Gefäßes hin und her wandern, wird es allerhöchste Zeit, den Boden des Zuchtbehälters mit leichtem, trockenem Sand- oder Torfboden, eventuell auch etwas angetrockneter Gartenerde mit leichter Kompostbeimischung zu bedecken.

Wenn die Raupen sich in den Boden zurückgezogen haben, um sich dort zu verpuppen, sollte man sie etwa eine Woche ungestört lassen. Dann werden die Puppen so weit ausgehärtet sein, daß man sie ohne Beschädigung vorsichtig herausnehmen kann. Bei einer Verpup-

pung im Herbst (etwa ab Mitte September) werden die Puppen mit Sicherheit nicht mehr schlüpfen, sondern überwintern. Verpuppen die Raupen sich im Sommer, werden sie nach einigen Wochen schlüpfreif sein, im Frühherbst bereiten sie sich wahrscheinlich auf eine Überwinterung vor. Man bewahrt die Puppen am besten in einem belüfteten Konfitürenglas auf, das man mit etwas Moos ausgekleidet hat.

Puppen, die sich an Zweigen oder Gefäßwänden aufgehängt haben, läßt man am besten, wo sie sind. Die überwinternden Puppen kommen in einen kühlen, nicht feuchten Raum, in dem sie geschützt und ungestört stehen können.

Wenn die Schlüpfzeit naht, muß man dem schlüpfenden Schmetterling unbedingt eine Kletter- oder Sitzgelegenheit anbieten, auf der er ausruhen und seine Flügel aushärten kann. (Ein verzweigtes Ästchen wird er gerne annehmen.) Während des Schlüpf- und Härtevorgangs darf der Schmetterling auf keinen Fall gestört werden!

Nach dem Schlüpfen sind die Schmetterlinge zunächst einmal hungrig. Man kann ihnen dann ein paar frische Blätter besorgen, die man mit etwas verdünntem Honig bestreicht. Der Honig muß jedoch so flüssig sein, daß er vom senkrecht gehaltenen Blatt herabrinnt, dann hat er ungefähr die gleichen Eigenschaften wie Blütennektar. Nie große Flächen mit Honig bestreichen, da sich der Falter sonst die Flügel oder andere Körperteile verklebt! Wenn man schon etwas Erfahrung in der Aufzucht von Schmetterlingen hat und zufällig mehrere Exemplare der gleichen Art schlüpffrisch erhält, kann man auch eine Nachzucht versuchen. Andernfalls werden die Falter noch am gleichen Tag freigelassen, damit sie sich draußen in freier Natur vermehren können!

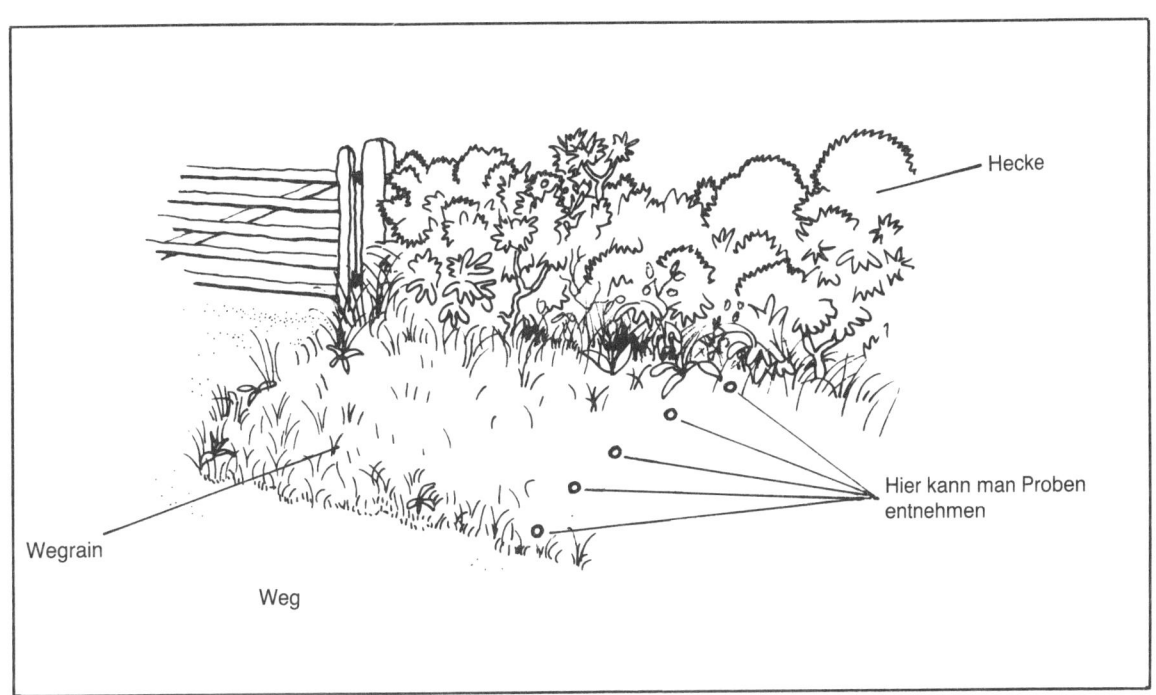

Hecke

Hier kann man Proben entnehmen

Wegrain

Weg

Es überrascht eigentlich immer wieder, wie viele Arten von Kleintieren im Boden leben. Noch mehr Arten bewohnen allerdings die Laubstreu aus totem Fallaub in Gärten, an Hecken oder in Wäldern. Wegen ihrer geringen Größe und unauffälligen Färbung sind die meisten dieser Bodenbewohner jedoch an ihrem eigentlichen Wohnort kaum zu sehen. Vielfach verhalten sie sich auch völlig still oder bleiben regungslos, wenn man sie aufgestört hat, und sind dann schwer von den verrottenden Pflanzenteilen oder Erdkrümeln zu unterscheiden. Will man mehr über die interessanten Untergrundarbeiter im Erdreich erfahren, muß man sie aus ihrem Lebensraum hervorlocken. Das ist nicht leicht, aber mit dem im folgenden beschriebenen Sammeltrichter kann man sehr gute Erfolge erzielen, man kann die verschiedenen Kleintiere aus Boden- oder Laubstreu-Proben gewinnen und sehen, wie viele Tiere tatsächlich in einer Handvoll Erde leben.

Was wir brauchen

Ein Draht- oder Plastiksieb Nur sehr feine Küchen-siebe sind brauchbar. Die Maschenweite sollte im Idealfall bei etwa 2 mm liegen. Am besten sind Siebe mit flachem Boden, Rundbodensiebe eignen sich zur Not aber auch.

Ein paar Plastiktüten mit Seilzug

Eine Rolle braunes oder schwarzes Papier, das auf einer Seite glatt und glänzend sein sollte

Eine Schreibtischlampe mit einer 25-W-Glühbirne

Etwas Klebeband

Ein kleines Konfitüren- oder Senfglas

Ein paar Zusatzteile für die Netzhaltevorrichtung (siehe Seite 38)

Etwas Fließpapier

Eine kleine Schaufel

Einen mittelgroßen Malpinsel

Eine gute Handlupe (ca. 10- bis 15fache Vergrößerung)

Wir bauen uns einen Sammeltrichter

Die Sammel- und Fangeinrichtung für Bodenorganismen besteht aus vier verschiedenen Teilen:

1 Einer Schreibtischlampe (25-W-Glühbirne), mit deren

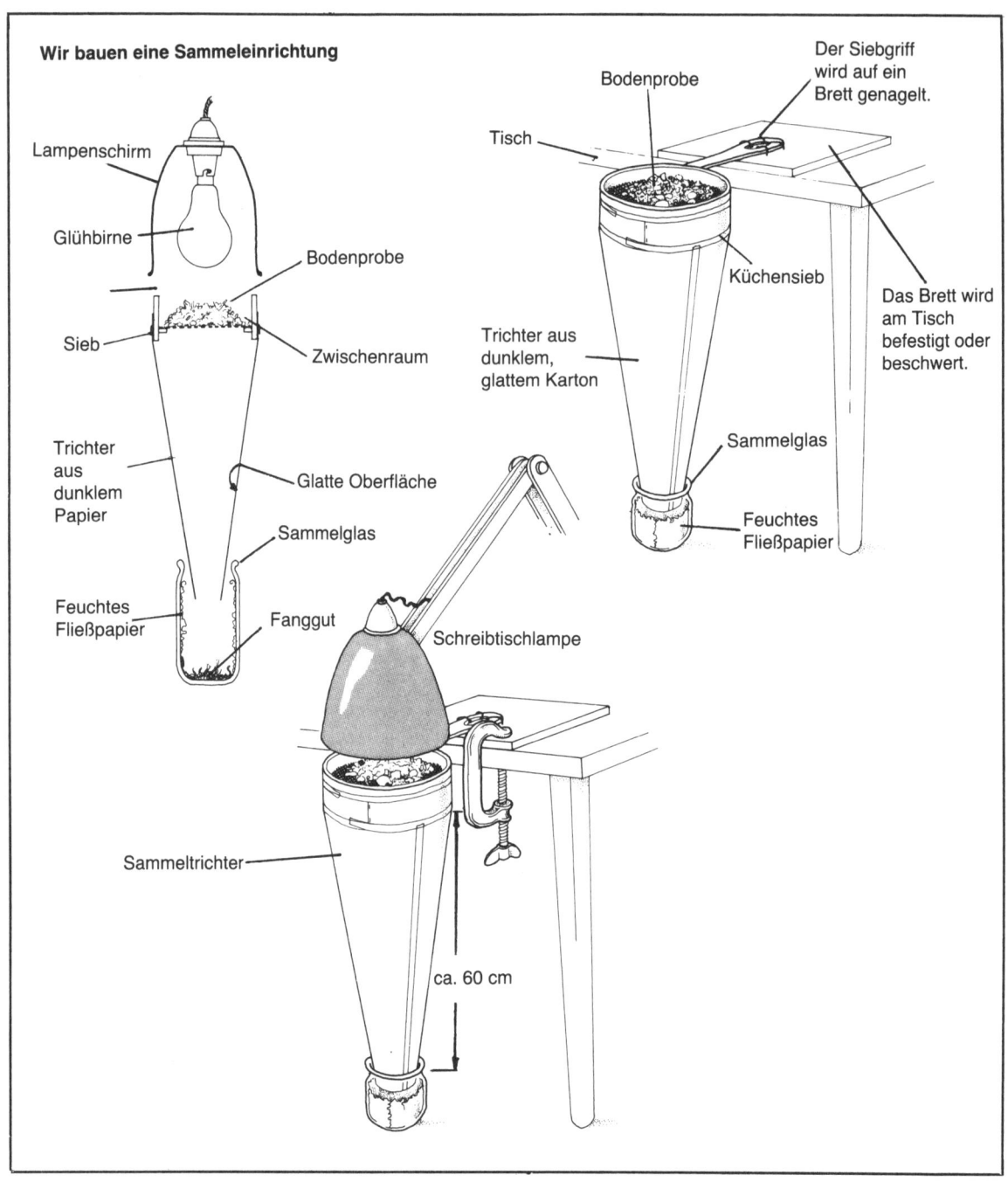

Wir bauen eine Sammeleinrichtung

Lampenschirm

Glühbirne

Bodenprobe

Sieb

Zwischenraum

Trichter aus dunklem Papier

Glatte Oberfläche

Sammelglas

Feuchtes Fließpapier

Fanggut

Sammeltrichter

ca. 60 cm

Bodenprobe

Der Siebgriff wird auf ein Brett genagelt.

Tisch

Küchensieb

Trichter aus dunklem, glattem Karton

Das Brett wird am Tisch befestigt oder beschwert.

Sammelglas

Feuchtes Fließpapier

Schreibtischlampe

Hilfe die eingesammelten Boden- oder Streuproben von oben langsam ausgetrocknet werden. Wenn die obersten Schichten der Probe allmählich antrocknen, wandern die kleinen Bodentiere mit der Zeit nach unten und fallen schließlich durch das Sieb.

2 Einem Sieb oder Netz, in das wir die Bodenprobe füllen. Die Maschenweite muß jedoch groß genug

sein, damit die Bodentiere noch hindurchpassen.

3 Einem langen Trichter aus dunklem Papier mit glatter Innenseite, an der es keinen Halt gibt und den wir unter das Netz montieren, damit die Tiere, die das Netz oder Sieb verlassen, durchfallen und nicht anderweitig „ausbüxen" können.

4 Einem kleinen Glas, in das der Trichter mündet und in

dem die Tiere aufgesammelt werden. Das Auffangglas wird mit angefeuchtetem Fließpapier ausgelegt, damit die feuchtigkeitsliebenden Bodentiere überleben können.

Die genaue Ausführung der Sammeleinrichtung hängt etwas von den Materialien ab, die zur Verfügung stehen.

Wir erforschen Bodenproben

Wenn wir unsere Sammeleinrichtung fertig installiert haben, besorgen wir uns eine Schaufel voll Erde aus dem Garten oder von einem Gebüsch- oder Wegrand. Um sicherzugehen, daß die Bodenprobe auch eine Menge Kleintiere enthält, sollte man nur lockere, nährstoffreiche, leicht feuchte Gartenerde oder vergleichbaren Boden von einem Gebüsch- oder Heckenrand mitnehmen. Flächen, über denen Insektenvernichtungsmittel (Insektizide) oder andere Chemikalien versprüht wurden, lohnen den Versuch im allgemeinen nicht – es sei denn, man möchte beweisen, wie tot solche Stellen in Gärten oder an Äckern sind.

Die Bodenprobe wird ca. 3 cm hoch im Sieb aufgeschichtet, wobei rings um den Siebrand ein Zwischenraum von etwa 1 cm frei bleiben sollte, damit die Luftumwälzung erleichtert wird. Dann wird der Sammeltrichter aus Papier noch einmal kurz abgeklopft, damit alle anhaftenden Bodenteilchen hinunterfallen. Erst jetzt wird das mit feuchtem Fließpapier ausgekleidete Auffangglas unter die Trichteröffnung gestellt.

Welche Lampenwärme benötigt wird, um die Tiere aus der Bodenprobe auszutreiben, muß man ausprobieren. Meist wird es ausreichen, wenn die Glühbirne etwa 5 cm oberhalb der Bodenprobe hängt. Die Lampe bleibt Tag und Nacht angeschaltet. Es dauert etwa 2–3 Tage, bis die Probe durchgetrocknet ist. Das Sammelgefäß sollte jedoch mehrmals täglich kontrolliert werden, ob sich darin bereits Tiere angesammelt haben. Wenn ja, werden sie mit einem angefeuchteten Malpinsel in Beobachtungsgefäße übertragen, so wie es auf Seite 35 für die Schmetterlingsraupen beschrieben wurde. Zu welcher Gruppe von Tieren die „Beute" gehört, können wir mit Hilfe des einfachen Bestimmungsschlüssels auf den Seiten 40–41 feststellen. Wenn man die Tierchen eine Weile beobachtet hat und auch notieren konnte, wie viele von jeder Art in der Probe enthalten waren, setzt man sie am besten dort wieder aus, wo man die Bodenprobe entnommen hatte.

Wichtig ist, aus den Sammelgläsern die räuberischen, fleischfressenden Arten rechtzeitig herauszulesen und getrennt zu halten, damit sie nicht den gesamten übrigen Fang auffressen. Zu diesen „Räubern", die rechtzeitig aussortiert werden sollten, gehören z.B. die Hundertfüßer.

Die Sammeleinrichtung mit Sieb und Lampe kann auch für Untersuchungen von Laub- oder Nadelstreu aus dem Wald eingesetzt werden. Totes pflanzliches Material, wie es sich unter Bäumen oder Hecken ansammelt, ist eine wichtige Nahrungsquelle für vielerlei Kleintiere. Solche

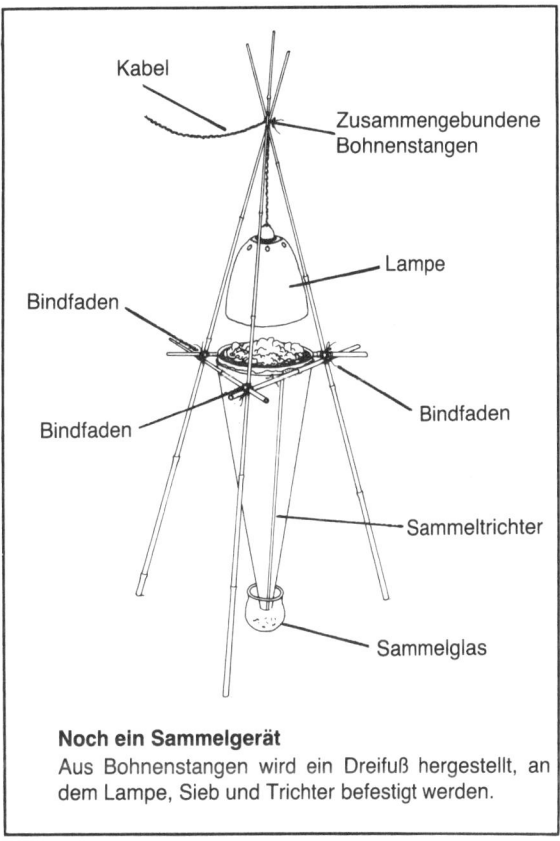

Noch ein Sammelgerät
Aus Bohnenstangen wird ein Dreifuß hergestellt, an dem Lampe, Sieb und Trichter befestigt werden.

Proben sind besonders dicht besiedelt und enthalten eine Vielfalt unterschiedlicher Arten. Günstig ist auch verrottendes Pflanzenmaterial vom Komposthaufen im Garten.

Größere Bodentiere, die nicht durch die Löcher oder Öffnungen von Sieb oder Netz passen, fängt man mit folgendem Trick:

Wir lösen 6 Eßlöffel Kochsalz in 1 Liter Wasser auf und schwemmen die Bodenprobe in einem flachen Gefäß in dieser Lösung auf. Material vorsichtig umrühren! Alle größeren Tiere, die an die Oberfläche kommen und dort herumschwimmen, müssen gleich mit einem Malpinsel herausgenommen werden. Man taucht sie kurz in ungesalzenes Leitungswasser und gibt sie anschließend in ein Schraubglas, das mit feuchtem Fließpapier ausgekleidet ist und in dem man diese Tiere etwas genauer ansehen kann.

Hilfe zur Bestimmung der wichtigsten Tiergruppen aus Boden- oder Laubstreuproben

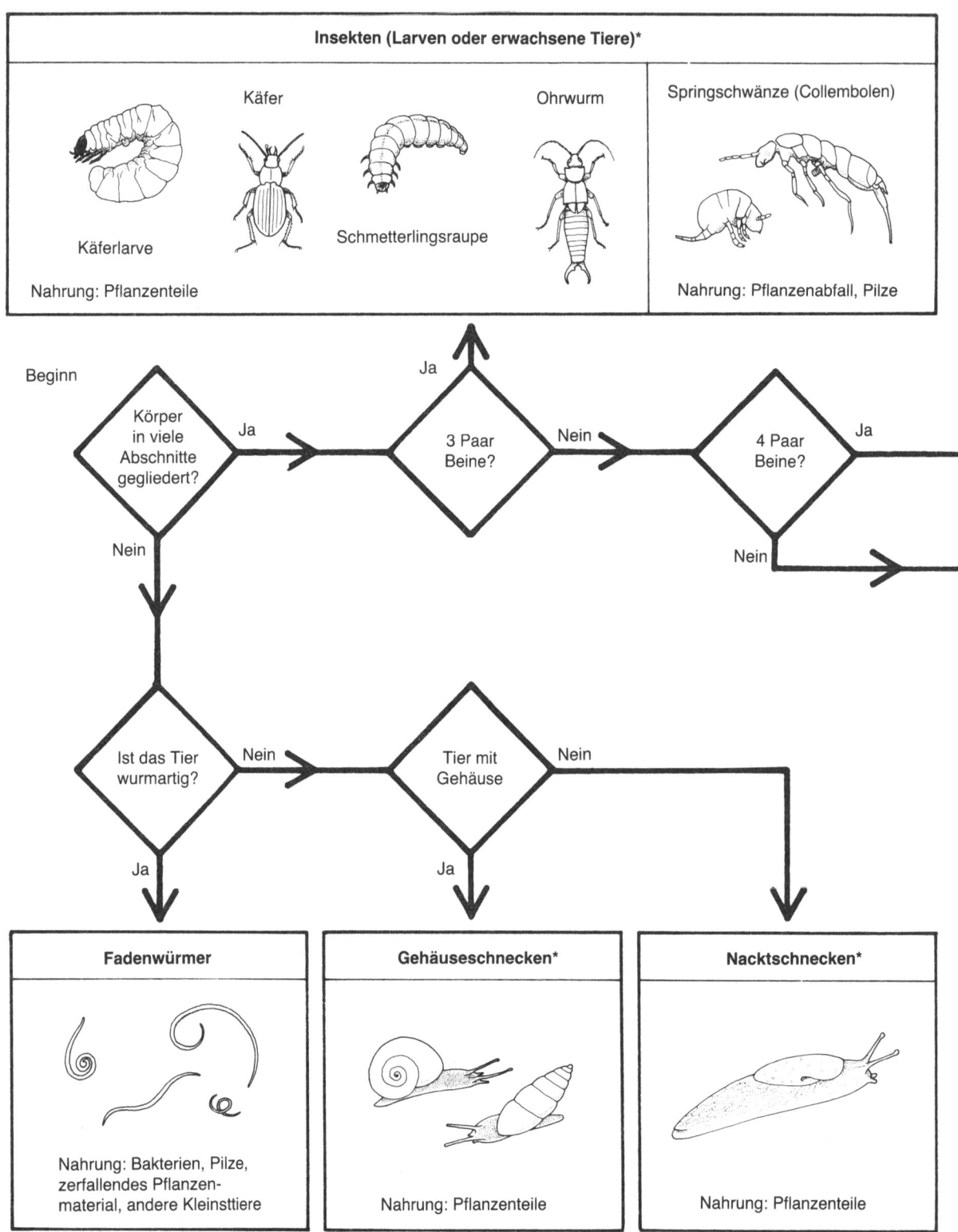

Insekten (Larven oder erwachsene Tiere)*

Käfer

Käferlarve

Schmetterlingsraupe

Nahrung: Pflanzenteile

Ohrwurm

Springschwänze (Collembolen)

Nahrung: Pflanzenabfall, Pilze

Beginn

Körper in viele Abschnitte gegliedert?
Ja
3 Paar Beine?
Ja
Nein
4 Paar Beine?
Ja
Nein
Nein

Ist das Tier wurmartig?
Nein
Tier mit Gehäuse
Nein
Ja
Ja

Fadenwürmer

Nahrung: Bakterien, Pilze, zerfallendes Pflanzenmaterial, andere Kleinsttiere

Gehäuseschnecken*

Nahrung: Pflanzenteile

Nacktschnecken*

Nahrung: Pflanzenteile

*oft zu groß für den Sammeltrichter ⁺häufig

44

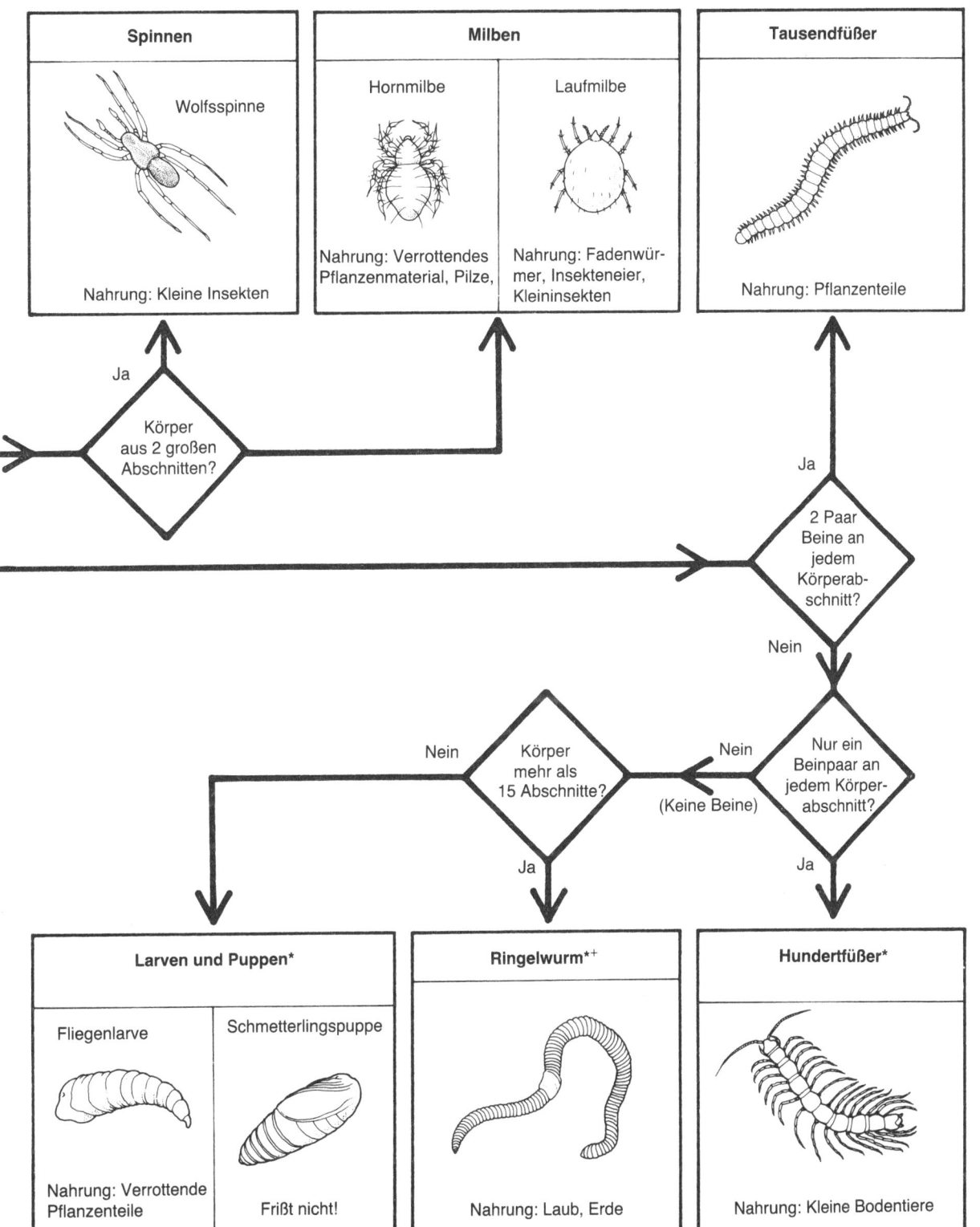

Spinnen

Wolfsspinne

Nahrung: Kleine Insekten

Milben

Hornmilbe

Nahrung: Verrottendes Pflanzenmaterial, Pilze,

Laufmilbe

Nahrung: Fadenwürmer, Insekteneier, Kleininsekten

Tausendfüßer

Nahrung: Pflanzenteile

Ja

Körper aus 2 großen Abschnitten?

Ja

2 Paar Beine an jedem Körperabschnitt?

Nein

Nein

Körper mehr als 15 Abschnitte?

Nein

Nur ein Beinpaar an jedem Körperabschnitt?

(Keine Beine)

Ja

Ja

Larven und Puppen*

Fliegenlarve

Nahrung: Verrottende Pflanzenteile

Schmetterlingspuppe

Frißt nicht!

Ringelwurm*[+]

Nahrung: Laub, Erde

Hundertfüßer*

Nahrung: Kleine Bodentiere

9 Der Kleinlebensraum – eine Welt für sich

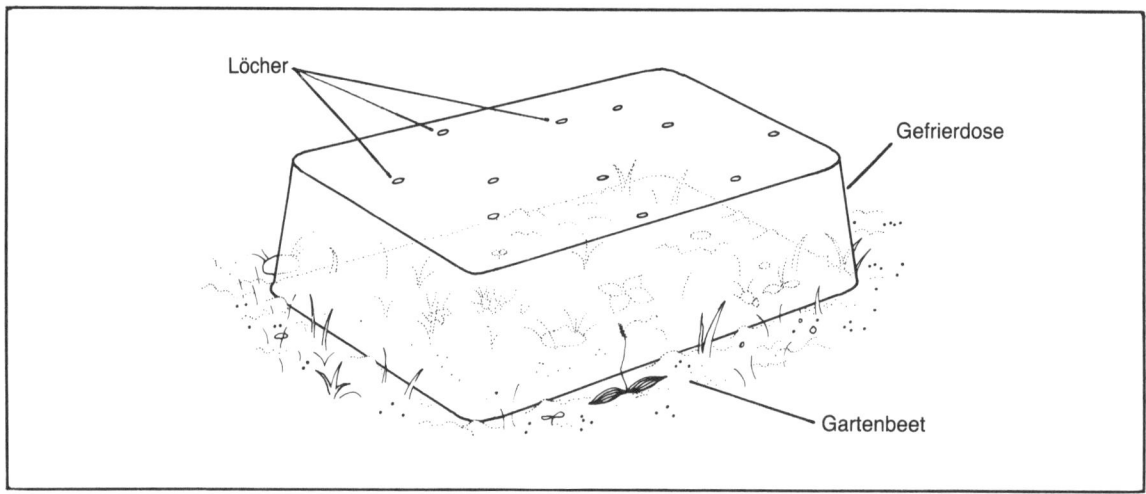

Lebensräume in kleinerem Maßstab sind etwa ein Haufen Laubstreu, ein verfaulender Baumstamm, eine Regenpfütze oder ein paar Steine. Viele Tierarten, meist Kleintiere, bewohnen solche Kleinlebensräume (Mikrobiotope). Hier finden sie alles, was sie zum Leben und Überleben benötigen: Wasser und Nahrung, Schutz vor zuviel Sonnenbestrahlung, aber auch vor grimmiger Kälte, Verstecke und Zuflucht und schließlich auch Artgenossen, mit denen sie sich paaren können, damit die Art erhalten bleibt.

Kleinlebensräume gibt es überall: Man braucht nur danach Ausschau zu halten, um sie gleich dutzendweise zu entdecken. Man kann aber auch noch etwas nachhelfen und eine eigene kleine Welt entwerfen.

Was wir brauchen

Um zu entscheiden, welches Material man für den geplanten Kleinlebensraum benötigt, sollte man erst einmal wissen, welche Ansprüche die Kleintiere an ihren Lebensraum stellen und wie man ihnen helfen kann. Wie schon oben beschrieben, brauchen die Tiere Nahrung, Schutz, Bewegungsraum und Schlupfwinkel. Sicher kann man es nicht jedem Tierchen recht machen, aber man sollte versuchen, ihnen viel von dem zu bieten, was sie zum Leben und „Wohnen" brauchen.

Die folgende Aufstellung gibt ein paar Anregungen, wie man bei der Gestaltung eines Kleinlebensraumes verfahren kann.

1 Wir legen **einige alte Lumpen** oder **Jutesäcke** in einer schattigen, feuchten Gartenecke auf den Boden (man kann dafür auch gebrauchte Fußmatten oder alte Faserplatten aus übriggebliebenem Baumaterial verwenden) und beobachten, was sich darunter ansiedelt.

2 Wir setzen einen **Heuaufguß** an (siehe Kapitel 5) und lassen ihn an einer schattigen Stelle, z. B. auf der Fensterbank eines Nordfensters, unbedeckt ein paar Tage stehen. Verdunstetes Wasser regelmäßig ersetzen!

3 Wir legen **einen großen, durchsichtigen Plastikbehälter** mit der Öffnung nach unten auf ein leeres Gartenbeet oder ein Rasenstück. Damit der Innenraum besser belüftet wird und außerdem Kleintiere leichter hineinkriechen können, muß man in den Behälter einige Löcher bohren (siehe Zeichnung Seite 46). Wenn es längere Zeit nicht regnet, müssen der unter dem Behälter abgedeckte Boden und der Behälter von Zeit zu Zeit gewässert werden.

4 Häufe **etwas Laubstreu** oder anderen Pflanzenabfall in einer feuchten, schattigen Gartenecke auf.

5 Wir füllen etwas **feuchten Laubabfall** in einen Plastikbehälter (siehe Zeichnung Seite 47) und beobachten, was sich nun an Lebewesen zeigt.

6 Wir kaufen oder bauen uns einen **Nistkasten** und hängen ihn im Garten auf. Im Frühjahr werden Singvögel darin brüten, vielleicht zieht aber auch eine Siebenschläferfamilie ein?

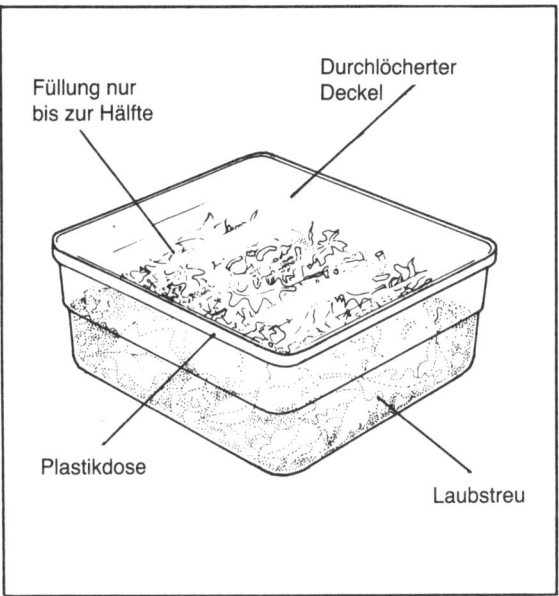

Füllung nur bis zur Hälfte

Durchlöcherter Deckel

Plastikdose

Laubstreu

7 Wir häufen **ein paar Feldsteine** in einer feuchten, schattigen Ecke auf dem Boden auf. Die größten Steine müssen ganz nach unten kommen, sonst fällt der ganze Aufbau irgendwann einmal zusammen. Wahrscheinlich werden sich schon bald Kleintiere ansiedeln, die zwischen den Steinen oder im Boden darunter ihre Wohnungen einrichten.

8 Wir besorgen uns **ein paar Hohlraum-Ziegelsteine** (oder Schwemmsteine) und legen sie im hohen Gras oder unter Gebüsch aus. Dann kontrollieren wir regelmäßig, ob die Löcher oder Hohlräume schon besiedelt sind.

9 Wir legen **einen Blumentopf** mit der Öffnung nach unten auf den Rasen oder das Gartenbeet. Siedelt sich darunter etwas an?

10 Wir vergraben **einen Blumentopf** im Garten, so daß der Topfrand gerade noch aus der Erde herausragt, und füllen den Topf wieder mit Erde aus. Die Topffüllung muß stets gut feucht gehalten werden (siehe Zeichnung Seite 48).

11 Wir stellen **mehrere Mini-Aquarien** an verschiedenen Stellen im Hof oder Garten auf und warten ab, welche Tiere sich darin ansiedeln.

12 Wir suchen uns **einen modernden Baumstamm** oder Ast (in der Stadt kann man auf Schuttplätzen oder in Parkanlagen moderndes Holz finden) und vergraben ihn zur Hälfte im Boden. Nun müssen wir darauf achten, daß das Holzstück immer gut durchfeuchtet ist! Hat man keinen Garten, so legt man das Holz in einen größeren Plastikbehälter (siehe Zeichnung Seite 48) und wartet ab, was sich nun regt. Zur Belüftung des Kleinlebensraumes sollten ein paar Löcher in den Behälterboden gebohrt werden!

Dies sind nur einige Vorschläge zur Einrichtung eines Kleinlebensraumes. Vielleicht kommen dem einen oder anderen noch ein paar bessere Ideen!

Der angelegte Kleinlebensraum sollte alle paar Tage einmal genau angesehen und kontrolliert werden. Anfangs mag vielleicht nicht allzu viel zu sehen sein, etwas später aber wird man schon für die Mühe belohnt werden. Haben sich jedoch nach 1–2 Wochen immer noch keine Tiere eingefunden, sollten wir einmal nach-

Gebüsch

Hohlraum-Ziegel

Boden

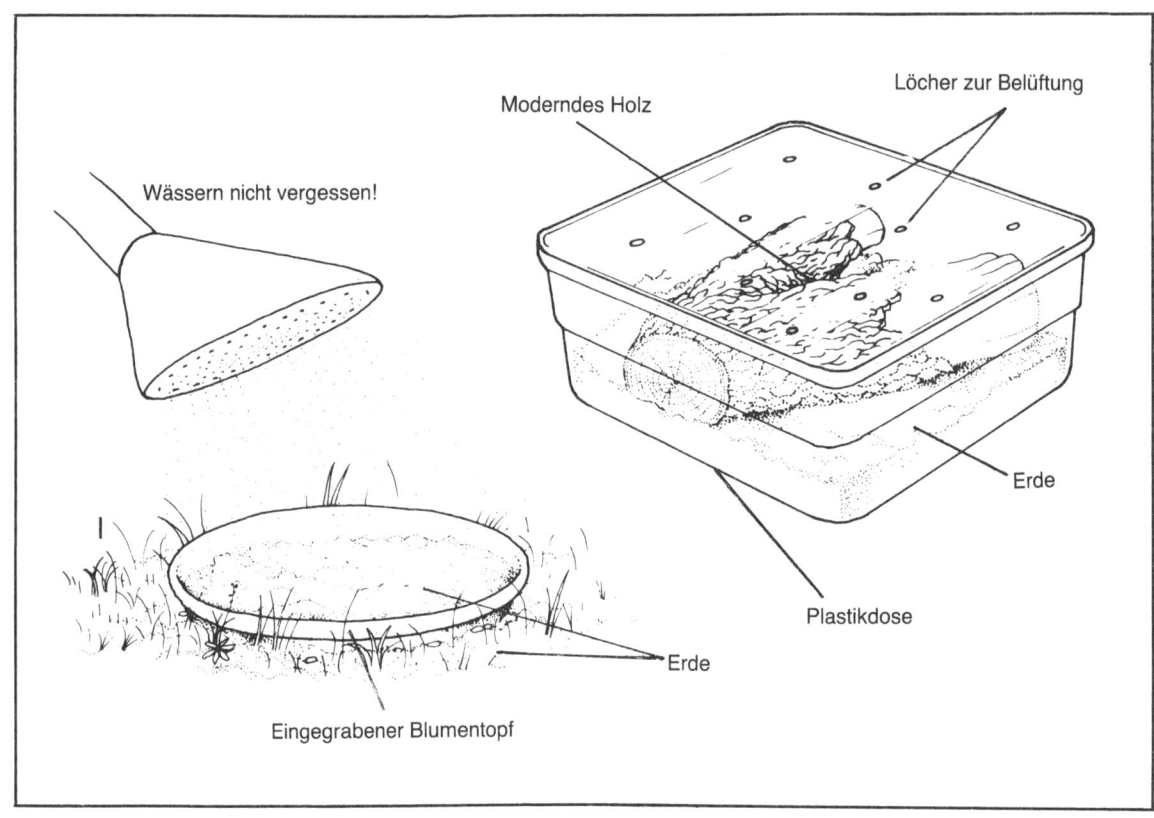

Moderndes Holz

Löcher zur Belüftung

Wässern nicht vergessen!

Erde

Plastikdose

Erde

Eingegrabener Blumentopf

prüfen, ob die Bedingungen in unserem Mikrobiotop wirklich in Ordnung sind. Ist es vielleicht zu sonnig und warm? Oder am Ende zu kühl und naß? Gibt es auch genügend zum Fressen? Wir sollten einmal versuchen, etwas Futter auszulegen (z. B. verschiedene Sämereien, ein paar verrottende Pflanzenteile vom Komposthaufen oder tote Insekten). Manche Tiere ernähren sich auch von lebenden Pflanzen. Selbst wenn sich anfangs noch keine Pflanzenfresser einstellen, werden sie spätestens dann zur Stelle sein, wenn in unserem Kleinlebensraum die ersten Pflanzen sprießen. Unter Pflanzen verstehen wir dabei nicht nur Kräuter oder Stauden oder noch größere Gewächse, sondern auch Algen und Moose.

Die Suche nach den tierischen Bewohnern des Mikrobiotopes wird sicher einfacher, wenn man sowohl das Wassertropfen-Mikroskop (Kapitel 5) als auch die Sammeleinrichtung mit Lampe (Kapitel 8) einsetzt!

Erstbesiedler

Von nichts kommt nichts. Die Tierchen, die unser Mikrobiotop mit Leben erfüllen sollen, müssen schließlich von irgendwo herkommen. Wenn wir unsere Anlage auf einem Balkon im 23. Stockwerk eines Hochhauses angelegt haben, können sich natürlich nur flugfähige Tiere dort einfinden. Wenn wir gar noch im Innenbereich

einer Großstadt wohnen, müssen diese Tiere sogar einen weiten Weg durch ziemlich unfreundliches Gelände zurücklegen. Daher kann unser „Mikro-Appartement" durchaus eine Weile leerstehen, ehe sich die ersten Bewohner einfinden.

Bei der Wahl des Baumaterials besteht natürlich schon die Möglichkeit, viele Kleinlebewesen mit Einrichtungsgegenständen einzuschleppen. Im verrottenden Holz, in zerfallenden Pflanzen vom Kompost, in einer Probe Laub- oder Nadelstreu sind sicher schon viele Bewohner verborgen. Solche Materialien enthalten unter Umständen auch eine Menge Eier, Larven, Puppen oder sonstige Fortpflanzungsstadien von Kleinlebewesen, so daß wir uns selbst mitten in einer Großstadt einen Lebensraum aufbauen können, in dem es von kleineren Tieren und Tierchen nur so wimmeln kann.

Einen Kleinlebensraum kann man über Wochen, Monate und sogar Jahre betreiben und beobachten.

Wir sollten aber alle wichtigen Beobachtungen über Art und Anzahl der Tiere, die sich eingefunden haben, notieren. Wie sind diese Lebewesen zu unserem Biotop gelangt? Kommen sie eventuell nur zum Fressen, oder leben sie ständig hier? Suchen sie vielleicht nur einen geeigneten Schlupfwinkel? Bald wird man auch feststellen, daß die Erstbesiedler unserer kleinen Welt den nachfolgenden Arten als Nahrung dienen.

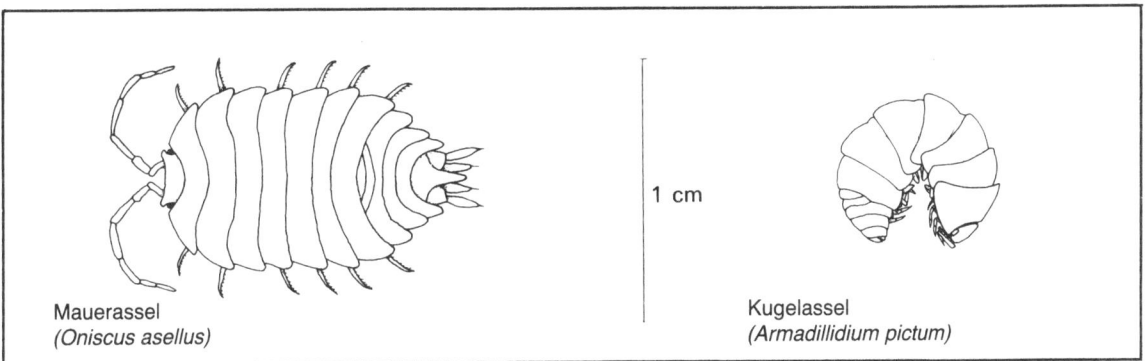

Mauerassel
(Oniscus asellus)

1 cm

Kugelassel
(Armadillidium pictum)

Asseln sind besonders dankbare Untersuchungsobjekte – leicht zu finden und einfach zu halten. Sie gehören zu der Tiergruppe, zu der die Taschenkrebse, Krabben, Hummer, Garnelen und Wasserflöhe zählen, leben aber im Gegensatz zu diesen Arten an Land. Von den Asseln gibt es mehrere Dutzend verschiedene Arten. Zu den häufigsten Arten gehören die Mauerassel *(Oniscus asellus)* und die Kugelassel *(Armadillidium pictum)*. Kugelasseln erkennt man besonders gut an ihrer Eigenart, sich bei Berührung oder Störung sofort zu einem kugeligen Gebilde zusammenzurollen. Keine andere Assel zeigt dieses Verhalten, mit dem sich das Tier vor Angreifern schützt.

Was wir brauchen

Einen großen Blumentopf
Eine Glasscheibe zum Abdecken des Blumentopfes
Ein ebenso **großes Stück schwarzen Karton**
Ein paar Bögen weißes Schreib- oder **Zeichenpapier**
Einige flache Gefäße (z. B. Deckel, Teller oder flache Gefrierdosen von mindestens 10 × 10 cm Größe)
Passende Glasscheiben zum Abdecken

Untersuchungen an Asseln

Zunächst müssen wir den Asseln ein brauchbares Zuhause anbieten. Dazu füllen wir einen Blumentopf zur Hälfte mit lockerer Gartenerde und legen etwas verrottendes Pflanzenmaterial oder geschrotete Baumrinde darauf. Das Ganze wird mit einer Glasscheibe abgedeckt; zum einen können die Asseln dann nicht herauskrabbeln, zum andern kann man die Tiere gut beobach-

ten. Asseln lieben jedoch die Dunkelheit, deshalb sollte man in der Zeit, in der man die Tiere nicht beobachtet, die Asselburg zusätzlich mit einer schwarzen Kartonscheibe abdecken. Noch besser ist es, zuerst den dunklen Karton und dann das Glas aufzulegen, da das Glas das Kartonstück beschwert und festhält.

Asseln findet man in Gärten, Parkanlagen, Gebüschen oder Wäldern, an feuchten, schattigen Stellen, unter größeren Steinen, Holzscheiten oder Laubhaufen. Selbst unter Abfall oder Bauschutt lohnt sich das Nachforschen.

Die eingefangenen Asseln werden vorsichtig in ein verschließbares Glas gesetzt und zu Hause in die bereits vorbereitete Asselburg übertragen.

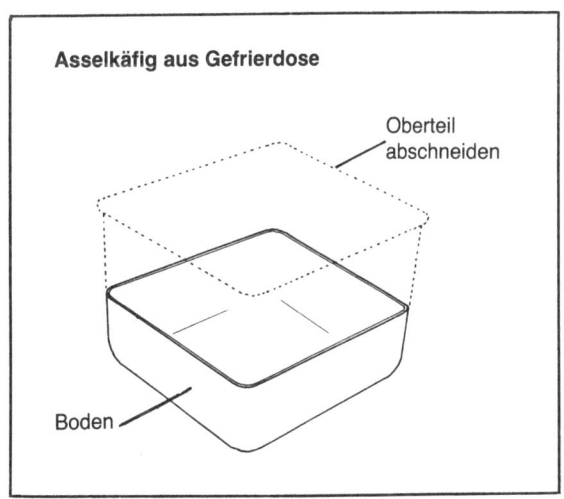

Asselkäfig aus Gefrierdose

Oberteil
abschneiden

Boden

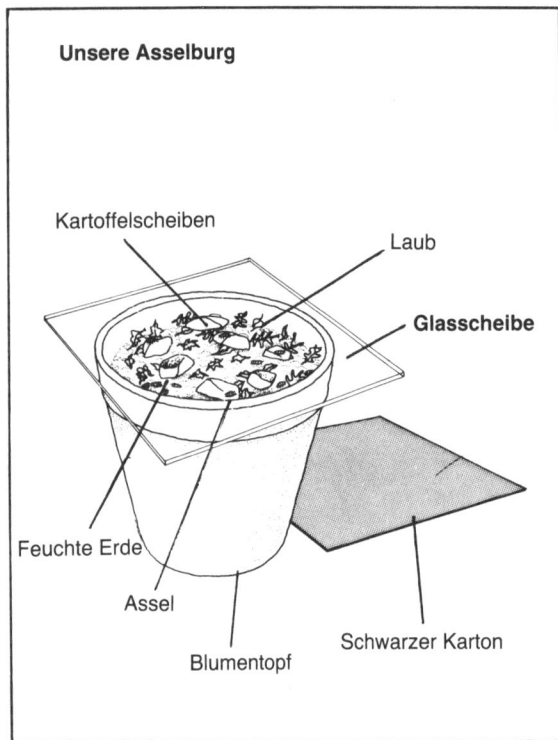

Unsere Asselburg

Kartoffelscheiben

Laub

Glasscheibe

Feuchte Erde

Assel

Blumentopf

Schwarzer Karton

Wahrscheinlich werden wir bei unserer Suche auf mehr als eine Asselart stoßen. Wir benötigen für unsere Untersuchungen jedoch nur etwa 15–20 Tiere einer Art. Nur wenn wir einen Versuch starten möchten, bei dem z. B. verschiedene Asselarten miteinander verglichen werden sollen, nehmen wir mehrere Arten mit. Diese müssen aber nach Arten getrennt transportiert und gehalten werden!

Zunächst einmal müssen wir herausfinden, was die Asseln fressen. Wir bieten ihnen also verschiedene Nahrung an. Das Futter wird am Abend ausgelegt; am nächsten Tag kontrollieren wir dann, ob es von den Tieren angenommen wurde. Es ist besser, kleine Stückchen auszulegen, denn da kann man viel eher erkennen, ob hier und da etwas abgeknabbert wurde. Wenn man die Futterstückchen in regelmäßige Würfel schneidet, kann man genau feststellen, wo die Tiere abgebissen haben.

Als Futterangebot dienen Kartoffeln, Mohrrüben, Steckrüben, Kohl, Salat oder Fleischstückchen, eventuell auch tote Insekten. Wir können außerdem Gartenkresse oder Kopfsalat in der Asselburg aussäen und prüfen, ob die Tiere eventuell frische Keimpflänzchen fressen.

Asseln gehen vor allem nachts auf die Weide. Wenn man sie beim Fressen beobachten möchte, muß man norma-

lerweise warten, bis es draußen dunkel wird. Man kann aber auch versuchen, die Tiere zu überlisten: Wenn wir den Asseltopf tagsüber im Dunkeln halten, nachts jedoch ohne Lichtschutz unter eine Lampe stellen, werden sie ihren natürlichen Lebensrhythmus nach ein paar Tagen vielleicht umstimmen. Wir können also für die Asseln die Nacht zum Tag machen und umgekehrt. Jetzt ist es viel leichter, ihre „nächtliche Lebensweise" eingehender zu studieren.

Wenn die Asseln gut versorgt werden und der vorgefundene Lebensraum ihnen zusagt, vermehren sie sich sogar in der Gefangenschaft. Die Weibchen legen ihre Eier im Frühsommer ab, tragen sie aber (wie viele andere Arten aus der Krebsverwandtschaft) noch eine Weile auf der Körperunterseite mit sich herum. Dort schlüpfen auch die jungen Asseln und bleiben einige Zeit in der Nähe der Mutter. Bald verlassen sie ihre schützende Umgebung jedoch, so daß wir plötzlich größere Scharen kleiner Asseln in unserer Asselburg finden werden.

Während ihres Wachstums häuten sich die Asseln mehrfach. Ihre leeren „Anzüge" lassen sie einfach auf dem Boden liegen. Wir können diese Häute einsammeln und verfolgen, wie die Asseln wachsen. Interessant ist es auch, die jungen Asseln zu zählen und einmal auszurechnen, wie viele Tiere wir nach 10 Jahren hätten, wenn sie sich alle mit der gleichen Rate vermehrten.

Asseln sind hervorragende Objekte für Verhaltensversuche. [Ähnliche Experimente, wie sie gleich vorgeschlagen werden, kann man aber auch mit anderen Kleintieren durchführen, beispielsweise mit Hundert- und Tausendfüßern, mit Spinnen (siehe Kapitel 1), verschiedenen Schnecken, Larven und Würmern (Kapitel 6). Dabei können wir dann auch feststellen, daß jede Tierart sich in ganz besonderer typischer Weise verhält.]

Bevor wir mit unserer „Verhaltensforschung" beginnen, sollten wir uns folgendes merken:

1 Ein krankes oder schlecht behandeltes Tier wird sich nicht arttypisch verhalten. Die Versuche sollten daher nur mit gesunden und bestens versorgten Asseln durchgeführt werden.

2 Nicht mit ein und demselben Tier Dutzende von Experimenten durchführen. Nach jedem Test sollte das Tier ein paar Stunden Ruhe und Erholung haben.

3 Tiere sind keine Maschinen, sondern „Persönlichkeiten". Nicht alle Tiere werden sich deshalb genau gleich verhalten. Daher sollte jeder Versuch ein paarmal wiederholt und die Ergebnisse jeweils sauber zusammengestellt werden. Erst jetzt kann man entscheiden, wie die typische Reaktion unserer Asseln aussieht. (Aus diesem Grund benötigen wir auch 20 Asseln von jeder Art!)

4 Wenn wir unsere Versuche beendet haben, kommen die Asseln wieder zurück in ihre Asselburg. Tiere, die wir nur für einen besonderen Test eingefangen haben, sollten nach dem Versuch wieder freigelassen werden!

Hier nur einige Versuche und Fragestellungen, die wir z. B. anhand unserer Untersuchungen mit Asseln beantworten können (die Zeichnungen erklären, wie der Versuch zu planen ist):

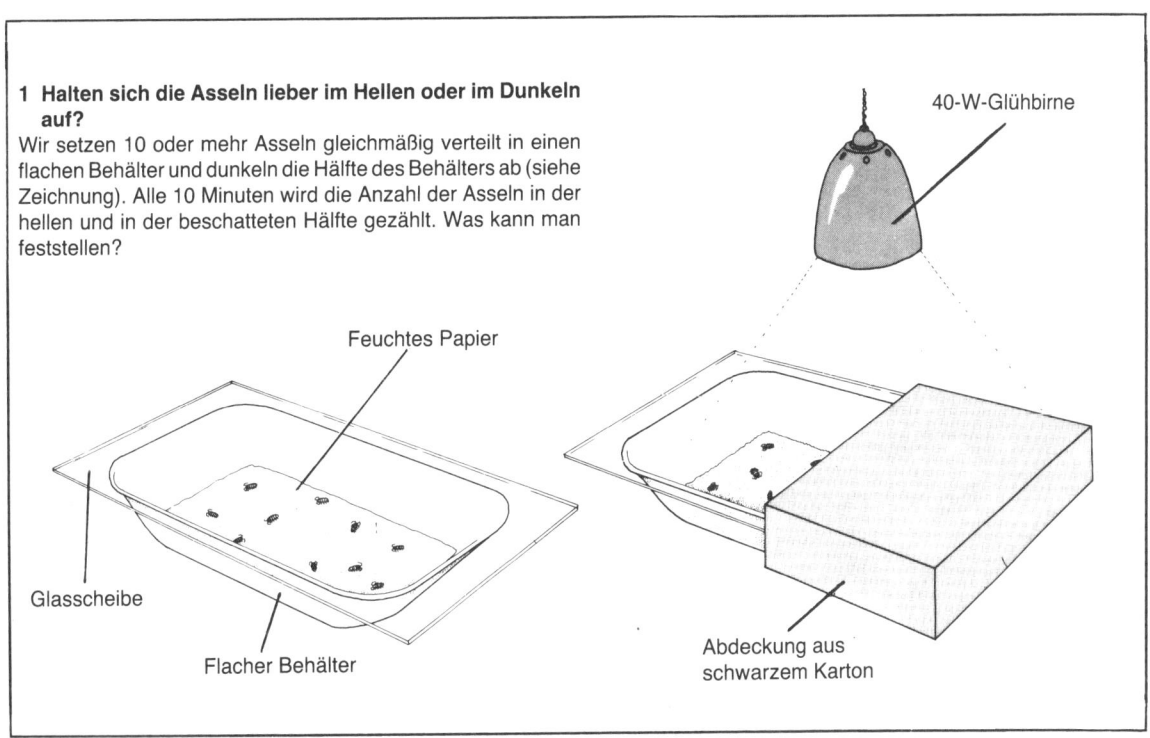

1 Halten sich die Asseln lieber im Hellen oder im Dunkeln auf?

Wir setzen 10 oder mehr Asseln gleichmäßig verteilt in einen flachen Behälter und dunkeln die Hälfte des Behälters ab (siehe Zeichnung). Alle 10 Minuten wird die Anzahl der Asseln in der hellen und in der beschatteten Hälfte gezählt. Was kann man feststellen?

40-W-Glühbirne

Feuchtes Papier

Glasscheibe

Flacher Behälter

Abdeckung aus schwarzem Karton

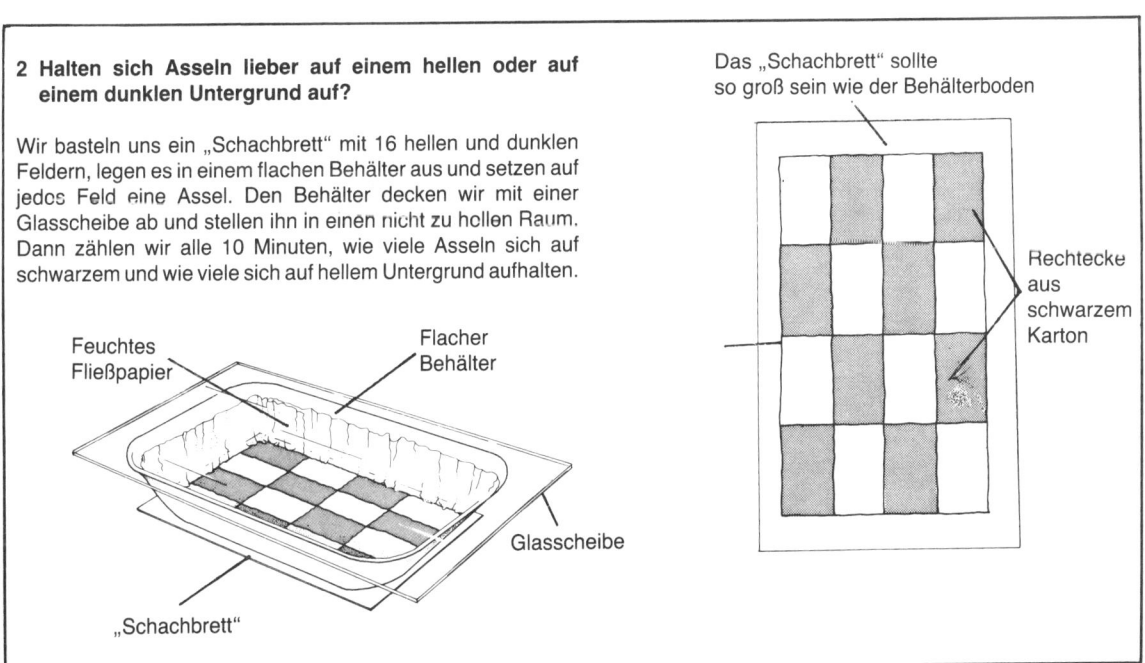

2 Halten sich Asseln lieber auf einem hellen oder auf einem dunklen Untergrund auf?

Wir basteln uns ein „Schachbrett" mit 16 hellen und dunklen Feldern, legen es in einem flachen Behälter aus und setzen auf jedes Feld eine Assel. Den Behälter decken wir mit einer Glasscheibe ab und stellen ihn in einen nicht zu hellen Raum. Dann zählen wir alle 10 Minuten, wie viele Asseln sich auf schwarzem und wie viele sich auf hellem Untergrund aufhalten.

Das „Schachbrett" sollte so groß sein wie der Behälterboden

Rechtecke aus schwarzem Karton

Feuchtes Fließpapier

Flacher Behälter

Glasscheibe

„Schachbrett"

3 Laufen Asseln lieber aufwärts oder abwärts?

Wir stellen den flachen Behälter auf ein Stück Holz, damit eine
Schräge entsteht, und setzen dann 10 Asseln in die Mitte des
Behälters auf eine Linie. Danach dunkeln wir das ganze Gefäß
ab. Nach 10 Minuten zählen wir, wie viele Asseln in welche
Richtung gelaufen sind. Dieser Versuch sollte drei- oder vier-
mal wiederholt werden.

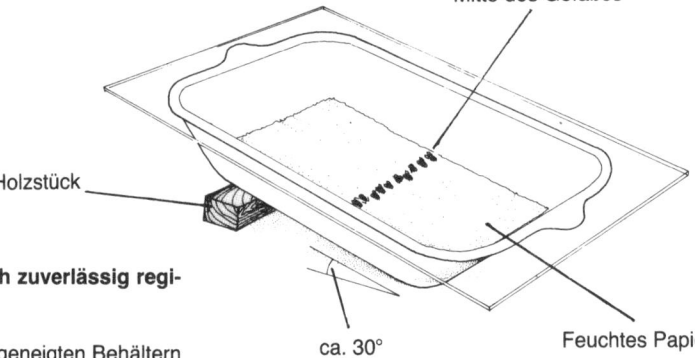

Mitte des Gefäßes

Holzstück

4 Welches Gefälle können Asseln noch zuverlässig regi-
   strieren?

Wir führen Versuch 3 mit unterschiedlich geneigten Behältern
durch (5°, 10°, 15°, 20°, 25° und 30°). Welche Mindestnei-
gung des Untergrunds löst eine Reaktion der Tiere aus?

ca. 30°

Feuchtes Papier

5 Ziehen Asseln trockene oder feuchte Umgebung vor?

Dieser Versuch hängt etwas davon ab, an welche Umgebung
die Asseln vorher gewöhnt waren. Bevor wir mit dem eigentlichen Versuch beginnen, setzen wir 10 Asseln in einen
geschlossenen Behälter, auf dessen Boden sich kleine Was-
seransammlungen befinden. Etwa 2 Stunden später setzen wir
weitere 10 Asseln in einen ähnlichen Behälter, in dem sich
jedoch kein Wasser befindet. Beide „Assel-Mannschaften"
werden etwa 3–4 Stunden in ihrem jeweiligen Gewöhnungsge-
fäß gehalten. Dann beginnt der eigentliche Versuch: Wir verteilen die 10 Feuchtraum-Asseln möglichst gleichmäßig in einem
Versuchsbehälter (5 in jede Hälfte) und halten sie bei diffusem
Licht. Alle 10 Minuten notieren wir die Position der Asseln. Wo
halten sie sich bevorzugt auf? Dieser Versuch wird mit den
Trockenraum-Asseln wiederholt.

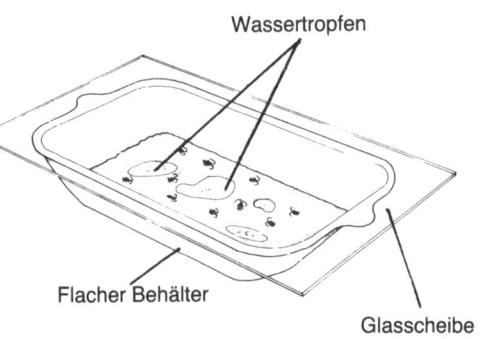

Wassertropfen

Flacher Behälter

Glasscheibe

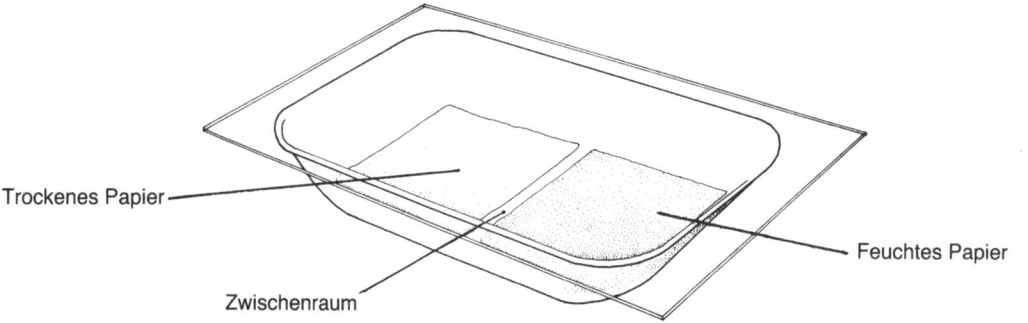

Trockenes Papier

Feuchtes Papier

Zwischenraum

6 Wie schnell können Asseln laufen?

Wir zeichnen uns ein Karometer (Karos ca. 1 cm^2) auf Fließpapier, feuchten das Papier an und legen es in den Versuchsbehälter. Auf einem zweiten karierten Papier malen wir parallel dazu den Weg der Test-Assel auf und stoppen gleichzeitig die Zeit, die sie für diese Strecke benötigt.
Für die genaue Messung der Geschwindigkeit brauchen wir einen Bindfaden oder etwas Nähzwirn, den wir über die gezeichnete Strecke legen und dann ausmessen. (Aus Weglänge und gestoppter Zeit können wir dann die Geschwindigkeit errechnen.) Wir führen diesen Versuch jeweils mit einer Feuchtraum-Assel über feuchtem Papier und einer Feuchtraum-Assel über trockenem Papier aus. Hat die Feuchtigkeit einen Einfluß auf die Geschwindigkeit der Asseln? Es sollten auf jeden Fall mehrere Messungen durchgeführt werden.

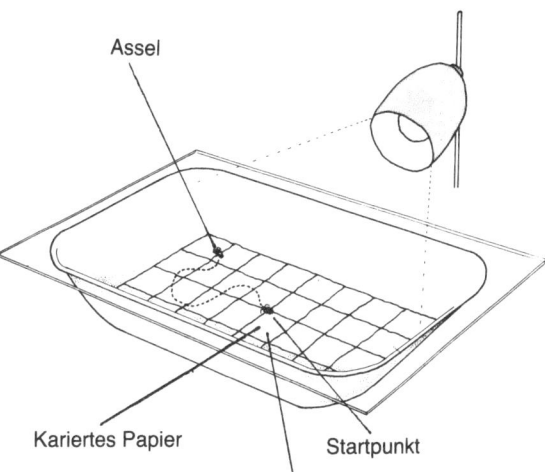

(Lampe nur für Versuch 7)

Assel

Kariertes Papier

Startpunkt

Feuchtes Fließpapier

7 Reagieren Asseln auf die Richtung des einfallenden Lichtes?

Für dieses Experiment muß das Zimmer, in dem der Versuchsbehälter steht, abgedunkelt werden. Dann richten wir eine Lichtquelle auf den Behälter. Für diesen Versuch benötigen wir 10 Asseln, deren Laufspuren wir alle auf dem gleichen Gitternetzpapier festhalten. Gibt es Unterschiede, je nach Vorbehandlung der Tiere (Feuchtraum oder Trockenraum)? Ist es gleichgültig, ob der Untergrund trocken oder feucht ist?

8 Laufen Asseln geradlinig oder in Schlangenlinien?

Für diesen Versuch brauchen wir einen ziemlich großen, flachen Testbehälter oder einen großen Karton. Die Deckenlampe muß ausgeschaltet sein, damit die Einfallsrichtung des Lichts die Tiere nicht beeinflußt.
Wir setzen eine Assel auf einen feuchten Untergrund und zeichnen ihren Weg über die Lauffläche mit einem Bleistift nach. Ist die Anzahl der Rechtswendungen ungefähr so groß wie die der Linkswendungen? Diesen Versuch wiederholen wir mit verschiedenen Asseln, wobei wir jede Assel ca. 1 Minute mit dem Bleistift „verfolgen". Den gleichen Versuch machen wir mit Asseln auf einer trockenen Fläche. Hängt die Zahl der Bögen, die die Tiere laufen, unter Umständen vom Feuchtigkeitsgehalt des Untergrundes ab? Wie ist das Verhalten der Tiere zu erklären? Kann man in ihren Reaktionen einen besonderen biologischen Sinn erkennen? Wie paßt das Verhalten der Tiere zu ihrem natürlichen Lebensraum?

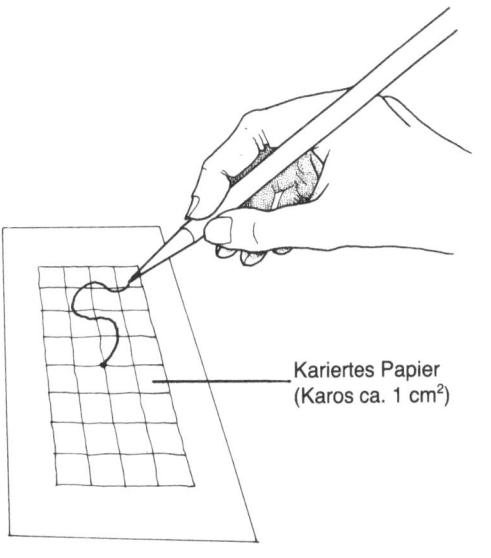

Kariertes Papier
(Karos ca. 1 cm^2)

11 Zuchtversuche mit Mehlkäfern

Mehlkäfer kann man sehr leicht halten und züchten, denn sie leben und wohnen von und in Mehl (Name!) und vermehren sich sehr rasch und bereitwillig. Wenn man nun noch 2 verschiedene Rassen erwerben kann, sind die idealen Vorbedingungen für einige Versuche zur Vererbung (Genetik) gegeben.

Was wir brauchen

Zwei verschiedene Mehlkäferrassen, die sich äußerlich nur in einem Merkmal unterscheiden: z.B. die Wildrasse des Mehlkäfers *(Tribolium castaneum)* „Schwarzauge" und die Rasse „Perlauge" (zu erhalten z.B. bei: Zoohaus Schmidt, Bäckerstraße 23, 4670 Lünen). Man kann diese Versuche aber auch mit zwei verschiedenen Taufliegen-Rassen *(Drosophila melanogaster)* ausführen. (Bezugsquelle: Dr. Werner Hölters, Am Grünen Weg 24, 5024 Dansweiler)
1,5 kg Mehl
80 g Hefe (getrocknet)
2 Behälter für die Käferkulturen (große Konfitürengläser oder Gefrierdosen)
Mehrere kleine Behälter für die Kreuzungsexperimente (z.B. kleine Glasröhrchen von etwa 75 × 25 mm Größe oder kleine, verschließbare Konfitürengläser)
Feines Netzgewebe zum Verschließen der Kulturgefäße
Einige weite und ein paar engere Gummiringe
Ein mittelgroßes Küchensieb zum Aussieben der Käfer aus dem Mehl
Ein kleines, verschließbares Glas oder **Plastikgefäß mit Brennspiritus**
Einen mittelgroßen Malpinsel
Eine gute Handlupe (etwa 8- bis 12fache Vergrößerung)

Wir züchten Mehlkäfer

Zuerst bestellen wir uns bei einem Fachhändler die beiden Mehlkäferrassen. Bis die Tiere eingetroffen sind, können wir schon das Aufzuchtsubstrat aus Mehl und Hefe herstellen.
Mehl und Hefe werden in einer großen, trockenen Rührschüssel gründlich gemischt, bis die Hefe gleichmäßig verteilt ist. Anschließend gibt man die Mischung in eine feuerfeste Form und erhitzt sie im Backofen ca. 30 Minuten lang bei 150°C, damit die Mischung keimfrei (steril) wird. Die Hälfte der Mischung wird dann in zwei Zuchtgläser gefüllt. (Zuchtbehälter vorher gründlich mit heißem Wasser auswaschen und gut austrocknen.) Jedes Kulturgefäß sollte etwa halb voll werden.
Mehlkäfer benötigen kein Wasser, gedeihen aber besser in einer leicht feuchten Atmosphäre. Wir stellen daher je ein Reagenzglas mit etwas Wasser in die Zuchtgefäße. Das Mehl darf aber nicht mit Wasser in Berührung kommen, da es sonst zu schimmeln beginnt! Jede Zuchtstation wird mit einer luftdurchlässigen Lage aus Gaze, Baumwolltuch oder Nylongewebe gut verschlossen.
Die andere Hälfte der Mehl-Hefe-Mischung wird luftdicht und trocken aufbewahrt. Wir brauchen sie für die einzelnen Experimente.

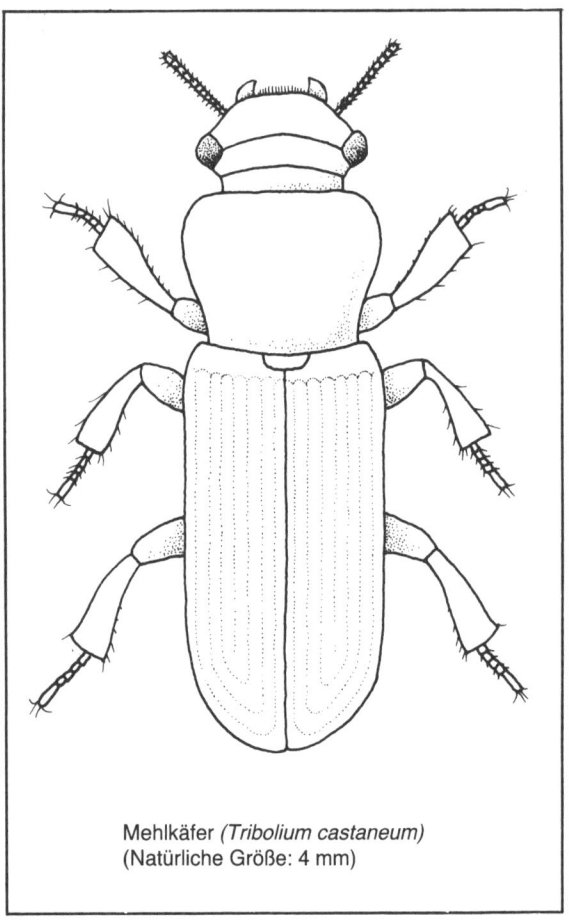

Mehlkäfer *(Tribolium castaneum)*
(Natürliche Größe: 4 mm)

Am besten gedeihen die Mehlkäfer bei ungefähr 25°C. Wir stellen daher die Zuchtansätze in einem möglichst warmen Zimmer auf, in dem sie mindestens drei oder vier Monate lang unter gleichmäßigen Bedingungen stehen können.

Sobald die Käfer eintreffen, kann es losgehen. Wir haben für jede Rasse ein eigenes größeres Zuchtgefäß mit Mehl-Hefe-Mischung angesetzt. Beim Einsetzen der Käfer in diese Gefäße müssen wir unbedingt darauf achten, daß die Tiere nicht durcheinandergeraten. Die beiden Zuchtgefäße werden sorgfältig verschlossen und eindeutig beschriftet.

Wir kreuzen Mehlkäfer miteinander

Für die Kreuzungsversuche mit Mehlkäfern bereiten wir 4 kleine Nachzuchtgefäße vor, die wir mit jeweils 12 Puppen bestücken, und zwar:

1 6 männliche Schwarzaugen-Puppen und
6 weibliche Schwarzaugen-Puppen
2 6 männliche Schwarzaugen-Puppen und
6 weibliche Perlaugen-Puppen
3 6 männliche Perlaugen-Puppen und
6 weibliche Schwarzaugen-Puppen

4 6 männliche Perlaugen-Puppen und
6 weibliche Perlaugen-Puppen

Zwar paaren sich nur die erwachsenen Käfer, die Ansätze für die Kreuzungsversuche lassen sich aber leichter mit Puppen machen, da man bei den Puppen leichter die Geschlechtsunterschiede erkennen kann (siehe Zeichnung Seite 56).

Um die nötige Menge Puppen zu erhalten, siebt man einmal pro Woche die Zuchtansätze aus. Den Arbeitstisch vorher mit einer weißen Unterlage versehen! Käfer und Larven kommen in den Zuchtansatz zurück, die Puppen werden getrennt gehalten.

Hat man genügend Puppen für die Kreuzungsversuche zusammen, dann braucht man die Kultur nicht mehr wöchentlich durchzusieben. Jetzt kann man die Ansätze sogar wochen- bis monatelang unberührt sich selbst überlassen (nur gelegentlich nach dem Wasser sehen!). Die Käfer in den beiden Zuchtansätzen werden sich trotzdem kräftig weitervermehren!

Die 4 kleinen Nachzuchtgefäße werden ebenso sorgfältig beschriftet und mit einem luftdurchlässigen Gewebe verschlossen wie die großen Stammkulturen. Wir bewahren sie auch am gleichen Ort auf. Damit die kleinen Gefäße genügend Luftfeuchtigkeit erhalten, stellt man sie am besten in eine größere Pappschachtel,

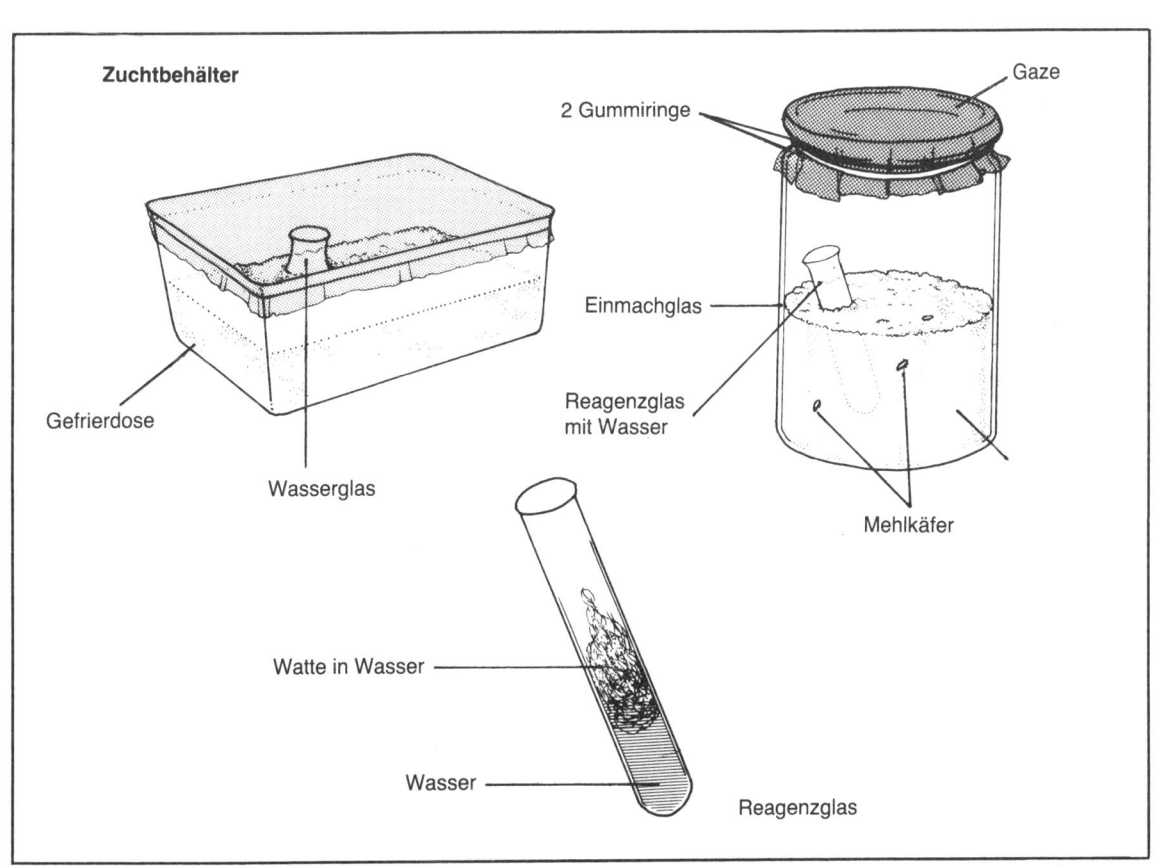

Zuchtbehälter

Gaze

2 Gummiringe

Einmachglas

Reagenzglas mit Wasser

Mehlkäfer

Gefrierdose

Wasserglas

Watte in Wasser

Wasser

Reagenzglas

in der noch ein unverschlossenes Gefäß mit Wasser steht.

Etwa 3 Wochen nach Beginn des Kreuzungsexperimentes sieht man den Inhalt jedes Nachzuchtgläschens (natürlich getrennt) aus, um festzustellen, wie viele Käfer sich in der Zwischenzeit entwickelt haben. Die Käfer werden für die weiteren Versuche nicht mehr benötigt und sollten daher sicherheitshalber getötet werden. [Dazu legen wir sie in kleine, mit Brennspiritus – (Vorsicht! Leicht entzündlich!) – gefüllte Gefäße, in denen sie schnell und schmerzlos getötet werden.]

Die Weibchen aus der Nachzucht haben bestimmt schon Eier gelegt. Daher werden sich in der Mehl-Hefe-Mischung auch Larven befinden. Der Mehl-Hefe-Ansatz kommt zurück in das Nachzuchtgefäß, dieses wiederum an einen warmen, ruhigen Platz.

Nach weiteren 3 Wochen wird der Inhalt der Nachzuchtgefäße erneut ausgesiebt. Zu diesem Zeitpunkt wird man sicher schon eine Menge Puppen im Mehl finden. Dies sind die ersten Nachkommen der Käfer, die wir als Puppen in die Nachzuchtgefäße gesetzt haben: Man nennt sie die F_1-Generation.

Diese Puppen legen wir sorgfältig in die Nachzuchtgefäße zurück und warten dann, bis alle Käfer geschlüpft sind. Jetzt wird es spannend: Wir nehmen die Lupe und zählen aus, wie viele der geschlüpften Käfer zum Stamm „Schwarzauge" und wie viele zum Stamm „Perlauge" gehören. Die Ergebnisse aus jedem Nachzuchtgefäß müssen sorgfältig aufgeschrieben werden!

Wenn wir die Kreuzungsexperimente richtig angesetzt haben, werden in den Schwarzauge/Perlauge-Nachzuchten keine Käfer mit dem Merkmal „Perlauge" zu finden sein! Wie ist dies möglich? Ist das Merkmal einfach verschwunden? Die Sache wird jetzt etwas

vertrackt: Es gibt Merkmale, die bei der Vererbung auf die nächste Generation einfach überdeckt werden. Bei unserem Versuch z.B. wird das Merkmal „Perlauge" vom Merkmal „Schwarzauge" überdeckt. Dennoch bleiben die Anlagen für „Perlauge" erhalten. Um dies zu beweisen, züchten wir nun die zweite Käfergeneration heran. Sie wird als F_2-Generation bezeichnet.

Die nächste Generation

Wir übertragen nun je 5–6 Käfer der F_1-Generation, die wir in den Nachzuchten erhalten haben, in neue Gefäße mit frischer Hefe-Mehl-Mischung. Etwa 3 Wochen später sind die Eier abgelegt. Zu diesem Zeitpunkt müssen wir die Kulturen wieder aussieben, die Käfer herauslesen und in Spiritus abtöten. Nach weiteren 3 Wochen haben sich einige der Käferlarven bestimmt schon verpuppt. Vielleicht sind auch schon einzelne Tiere der F_2-Generation geschlüpft.

Die zweite Nachzucht muß jetzt jede Woche durchgesiebt und die geschlüpften Tiere ausgelesen werden. Wie steht es nun mit der Anzahl von „Schwarzauge" und „Perlauge"? (Die Käfer sollten aus „Sicherheitsgründen" jeweils nach dem Zählen und Notieren des Ergebnisses abgetötet werden!) Bei der zweiten Nachzucht wird man feststellen, daß das Merkmal „Perlauge" plötzlich wieder zum Vorschein gekommen ist.

Merkmale, die zeitweise verschwinden, jedoch nicht verlorengehen, sondern einfach überdeckt werden, nennt man rezessiv. Die Merkmale, die vorherrschen und die anderen überdecken, nennt man dominant. Vergleichen wir einmal unsere Zuchtergebnisse aus der F_1- und F_2-Generation mit der Zusammenstellung auf Seite 59.

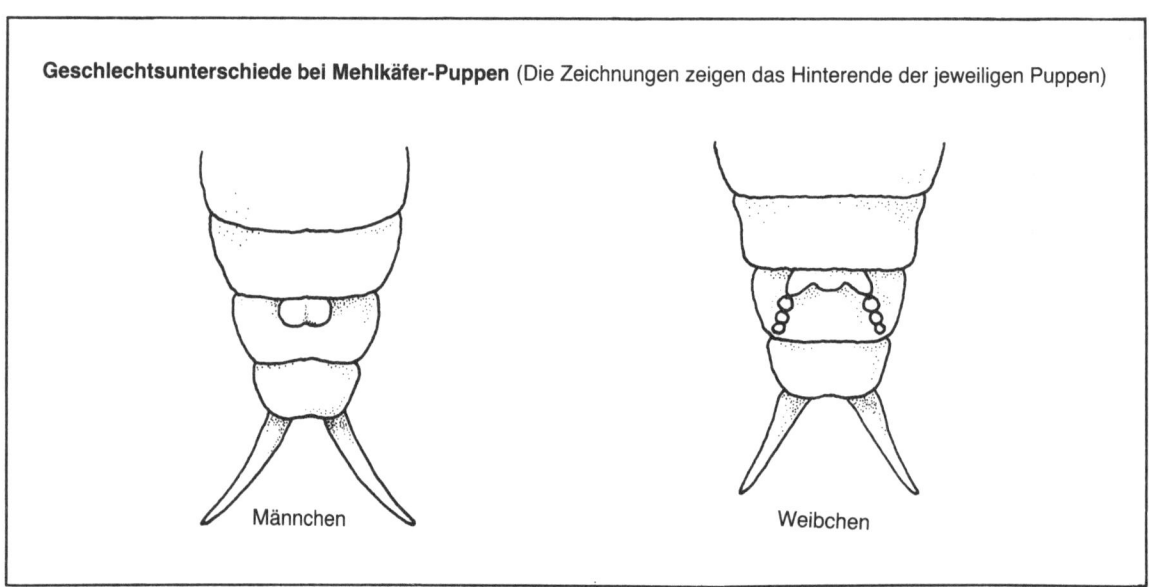

Geschlechtsunterschiede bei Mehlkäfer-Puppen (Die Zeichnungen zeigen das Hinterende der jeweiligen Puppen)

Männchen

Weibchen

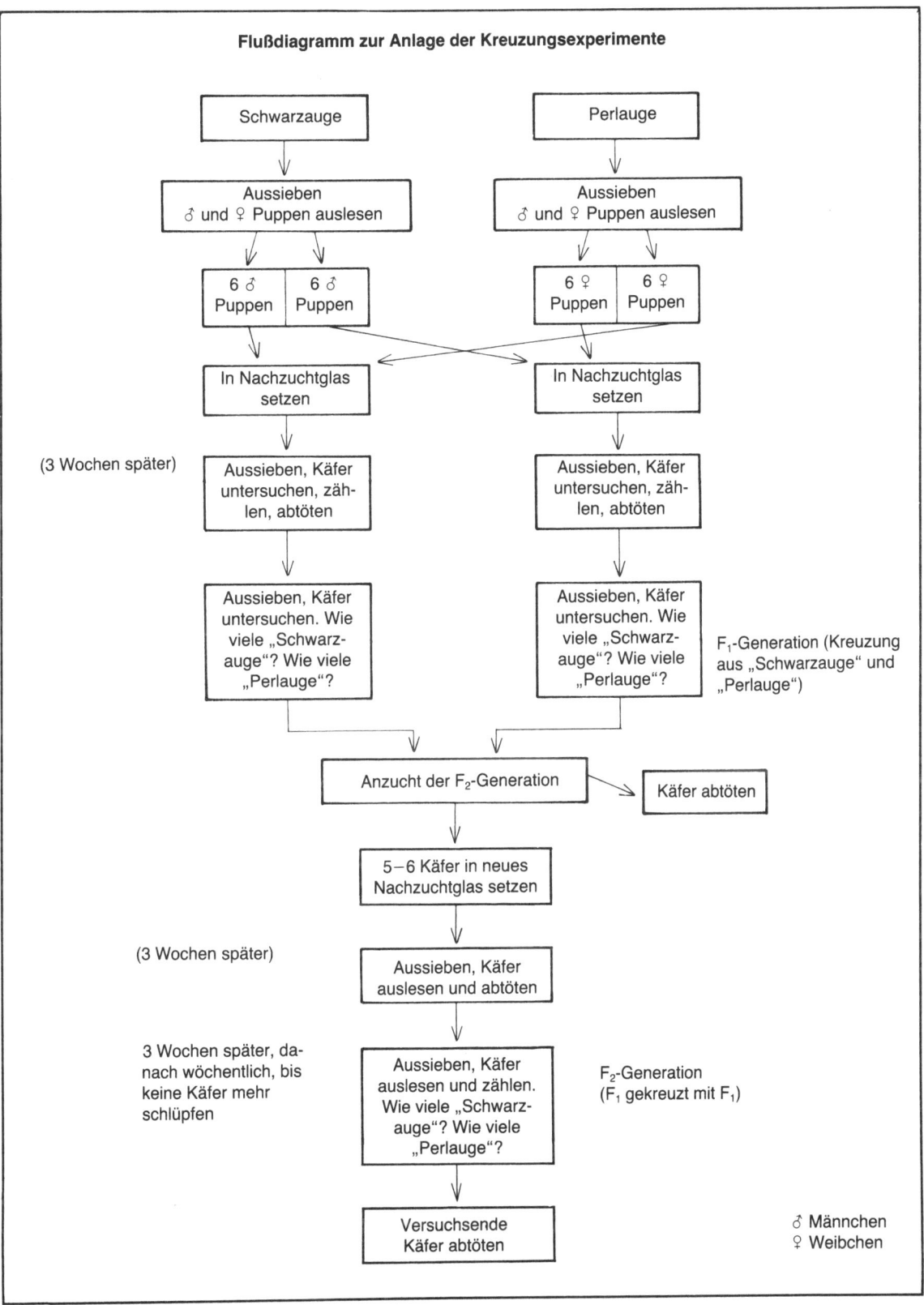

Flußdiagramm zur Anlage der Kreuzungsexperimente

Schwarzauge	Perlauge

Aussieben
♂ und ♀ Puppen auslesen

Aussieben
♂ und ♀ Puppen auslesen

6 ♂ Puppen	6 ♂ Puppen	6 ♀ Puppen	6 ♀ Puppen

In Nachzuchtglas setzen

In Nachzuchtglas setzen

(3 Wochen später)

Aussieben, Käfer untersuchen, zählen, abtöten

Aussieben, Käfer untersuchen, zählen, abtöten

Aussieben, Käfer untersuchen. Wie viele „Schwarzauge"? Wie viele „Perlauge"?

Aussieben, Käfer untersuchen. Wie viele „Schwarzauge"? Wie viele „Perlauge"?

F_1-Generation (Kreuzung aus „Schwarzauge" und „Perlauge")

Anzucht der F_2-Generation → Käfer abtöten

5–6 Käfer in neues Nachzuchtglas setzen

(3 Wochen später)

Aussieben, Käfer auslesen und abtöten

3 Wochen später, danach wöchentlich, bis keine Käfer mehr schlüpfen

Aussieben, Käfer auslesen und zählen. Wie viele „Schwarzauge"? Wie viele „Perlauge"?

F_2-Generation (F_1 gekreuzt mit F_1)

Versuchsende Käfer abtöten

♂ Männchen
♀ Weibchen

Weitere Vorschläge zur Vererbungslehre

Bei den folgenden Versuchen sollten wir uns vorher schon überlegen, wie die Ergebnisse aussehen könnten. Wie unterscheiden sich Voraussage und Ergebnis?

1 Wir kreuzen die F_1-Generation mit der „Schwarzauge"-Wildrasse. Für diese Untersuchung verwenden wir nur F_1-Puppen und Puppen aus der Stammkultur, keine erwachsenen Käfer!

2 Wir kreuzen die F_1-Generation mit der Rasse „Perlauge". Auch hierzu nehmen wir nur Puppen der F_1-Generation und Puppen der „Perlauge"-Stammkultur.

Mit unserer Käferzucht können wir übrigens auch die Vermehrungsrate bestimmen, wie es auf Seite 18 für die Blattläuse beschrieben wurde.

Ergebnisse der Vererbungsexperimente mit Mehlkäfern

Jeder Mehlkäfer enthält zwei Erbanlagen (Gene), die die Farbe seiner Augen bestimmen. Zur Rasse „Perlauge" können die Käfer nur dann gehören, wenn beide Erbanlagen für die Augenfarbe vom Typ „Perlauge" sind. Wenn beide Gene dagegen vom Typ „Schwarzauge" sind oder wenn nur eines für das Merkmal „Perlauge"

steht, wird der betreffende Käfer in jedem Fall schwarze Augen haben. Jeder Käfer kann nur ein Gen an seine Nachkommen weitergeben. Wenn er daher Gene sowohl für „Schwarzauge" als auch für „Perlauge" in sich trägt, wird die Hälfte seiner Nachkommen ein Schwarzauge-Gen, die andere Hälfte ein Perlauge-Gen erhalten.

Wenn wir reinerbige Schwarzauge-Käfer (++) mit reinerbigen Perlauge-Käfern (pp) kreuzen, tragen alle Käfer der F_1-Generation die Anlagen (+p) in bezug auf ihre Augenfarbe. Sie tragen zwar das Perlauge-Gen, besitzen jedoch „Schwarzaugen", weil „Schwarzauge" über „Perlauge" dominant ist.

Wenn wir die Käfer der F_1-Generation untereinander kreuzen, gibt es vier verschiedene Möglichkeiten, wie die Gene von den Eltern miteinander gepaart werden (siehe Zeichnung Seite 59). Drei dieser Möglichkeiten ergeben wiederum Käfer der Linie „Schwarzauge" (++), (+p) und (p+). Nur eine Paarung ergibt „Perlauge"-Käfer. In der F_2-Generation wird das Verhältnis „Schwarzauge" : „Perlauge" daher 3 : 1 betragen.

Stimmen diese Zahlen mit unseren Ergebnissen ungefähr überein? Gibt es deutliche Abweichungen? Weitere Erklärungen zur Genetik und zur Vererbung bestimmter Merkmale können wir in Biologiebüchern für die Schule nachlesen.

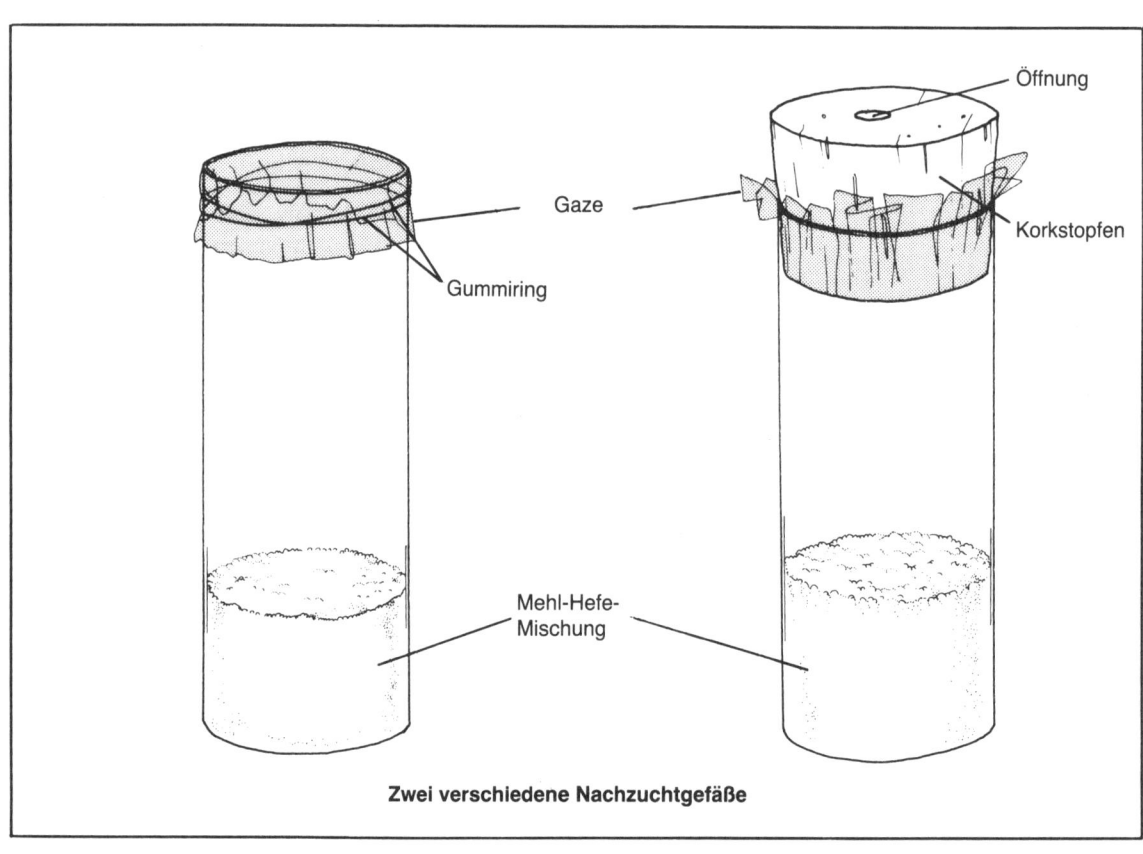

Öffnung

Gaze

Korkstopfen

Gummiring

Mehl-Hefe-Mischung

Zwei verschiedene Nachzuchtgefäße

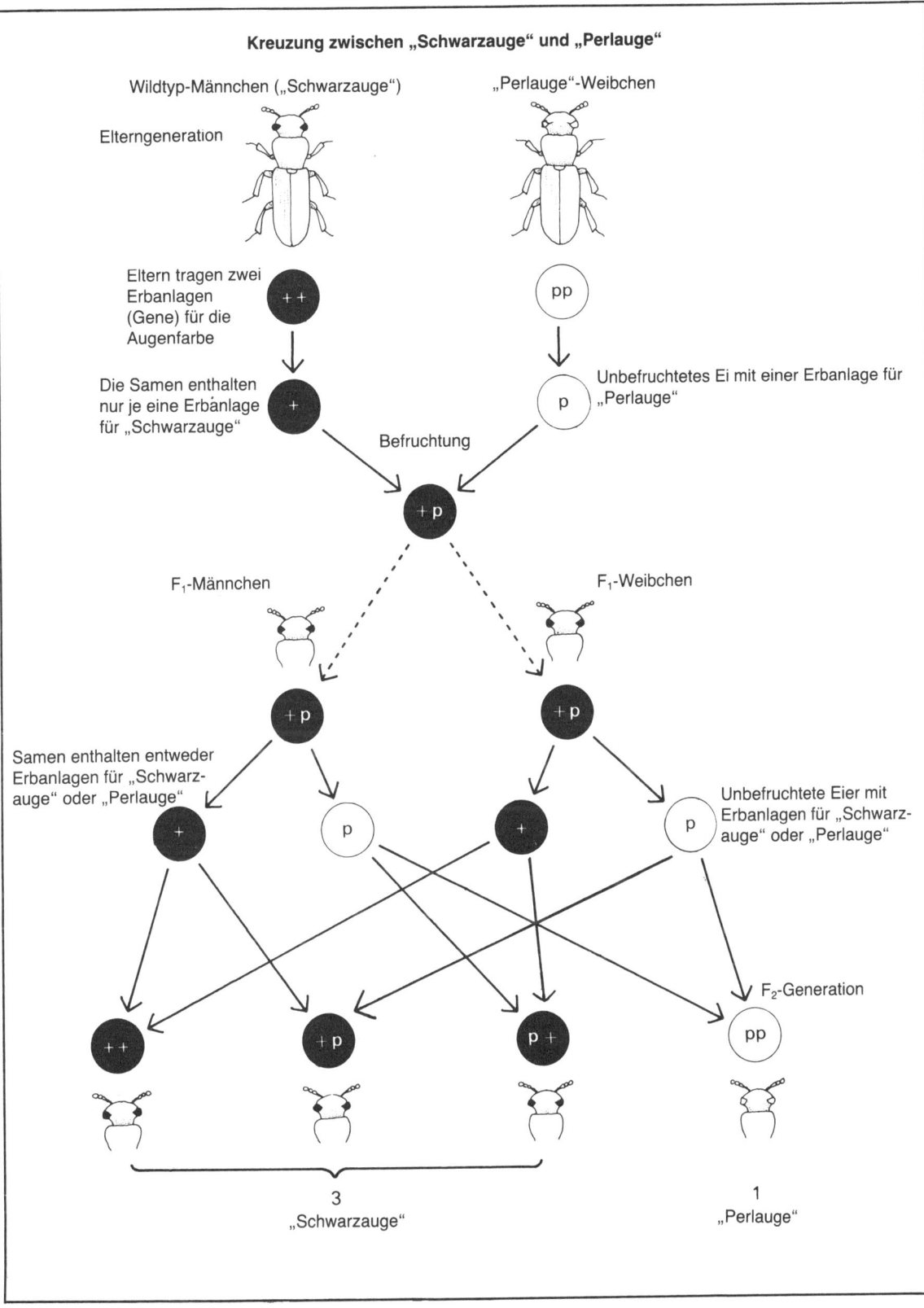

Kreuzung zwischen „Schwarzauge" und „Perlauge"

Wildtyp-Männchen („Schwarzauge")

„Perlauge"-Weibchen

Elterngeneration

Eltern tragen zwei Erbanlagen (Gene) für die Augenfarbe

++

pp

Die Samen enthalten nur je eine Erbanlage für „Schwarzauge"

+

p

Unbefruchtetes Ei mit einer Erbanlage für „Perlauge"

Befruchtung

+ p

F₁-Männchen

F₁-Weibchen

+ p

+ p

Samen enthalten entweder Erbanlagen für „Schwarz-auge" oder „Perlauge"

+

p

+

p

Unbefruchtete Eier mit Erbanlagen für „Schwarz-auge" oder „Perlauge"

F₂-Generation

++

+ p

p +

pp

3
„Schwarzauge"

1
„Perlauge"

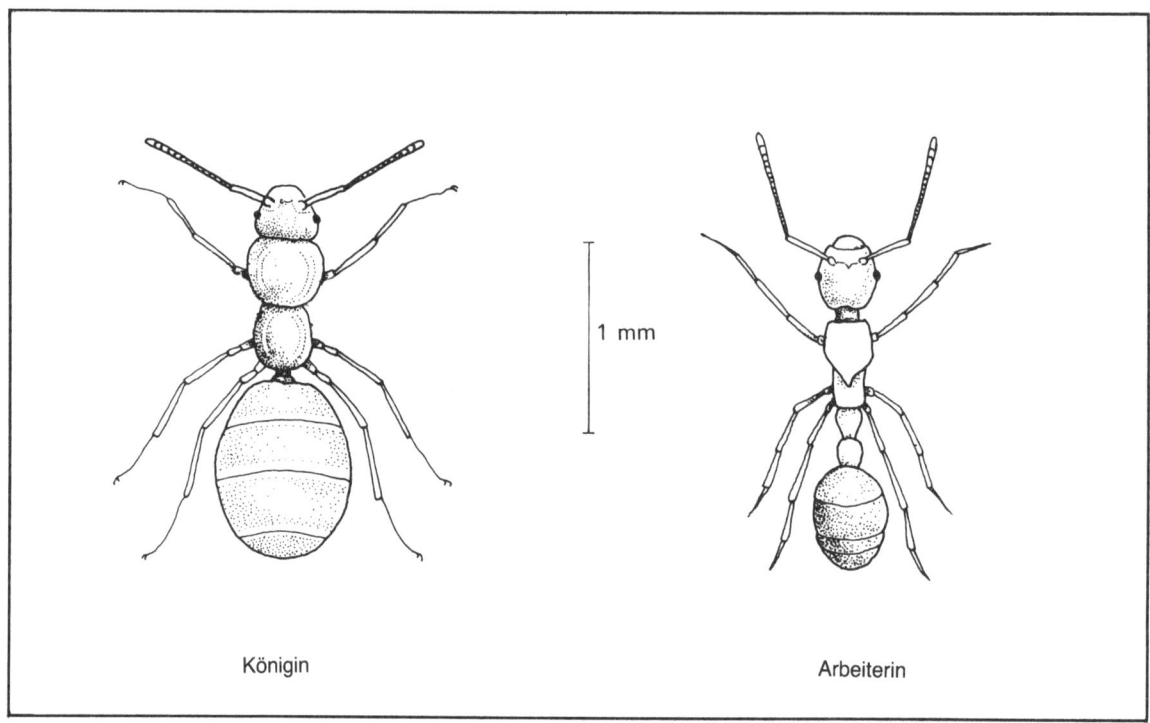

Königin   Arbeiterin

1 mm

Ameisen kann man recht gut in großen Gläsern mit Erdfüllung oder auch in einer Wurmfarm (Kapitel 6) halten. Um sie jedoch besser beobachten zu können, bietet man ihnen eine besondere Wohnanlage an, ein sogenanntes Formicarium. Wir nennen es einfach unseren Ameisengarten.

Was wir brauchen

Etwa 1–2 kg Maurer- oder Verbandgips (je nach geplanter Größe des Ameisengartens)
Einen größeren Behälter mit flachem Boden und leicht schrägen Seiten als Gußform für den Ameisengarten (etwa 10 × 20 cm oder 20 × 20 cm groß)
Eine genügend große Glasscheibe zum Abdecken der Anlage
Einen Bogen schwarzen Karton
Knetmasse
Kleine Holzklötze oder **Plastikdosen** als Model für die einzelnen Abteilungen des Ameisengartens
Etwas Watte

Wir legen uns einen Ameisengarten an

Zuerst müssen wir eine Gußform anlegen. Dazu drehen wir die vorgesehene Form um (vgl. Zeichnung Seite 61) und fetten die Innenseite mit ganz wenig Speiseöl am Finger auf dem Boden und an den Seiten ein. Danach ordnen wir die verschiedenen Klötze oder Dosen, die später die Kammern darstellen sollen, auf dem Boden des Gefäßes an. Wir können uns eine beliebige Anordnung ausdenken, sollten jedoch folgende Punkte bei der Planung berücksichtigen:

1 Es muß im Ameisengarten mindestens drei größere Räume geben, die die Ameisen beziehen können.
2 Der Ameisengarten muß einen genügend großen Futterraum besitzen, der an einem Ende der Anlage und von den übrigen Räumen entfernt angelegt wird. Nur bei dieser Anordnung können wir durch Wegschieben der Abdeckplatte den Futterraum öffnen, ohne daß die Ameisen aus allen übrigen Gemächern ausbrechen.
3 Alle Räume müssen untereinander durch kleine

Gänge verbunden sein. In der Gußform werden die späteren Verbindungsgänge durch kleine Rollen oder Würste aus Knetmasse angelegt. Ihr Durchmesser sollte 5–10 mm betragen. Von der Futterkammer aus sollte nur ein größerer Gang zu einem der übrigen Räume führen.

4 Ein oder zwei Räume des Ameisengartens am Rande der gesamten Anlage werden nicht mit den übrigen Räumen verbunden, sie dienen nur zum Feuchthalten der gesamten Anlage.

Alle Klötze oder Dosen, die in die Gußform sollen, müssen vorher an den Außenflächen eingeölt werden, da sie sich sonst nur schlecht vom Gips lösen lassen. Wenn alles vorbereitet ist, setzen wir den Gips an: Wir nehmen ein altes Gefäß, füllen es mit etwa einem halben Liter Wasser und rühren löffelweise das trockene Gipspulver hinein (dabei dürfen sich keine Gipsklumpen bilden!), so lange, bis sich ein zähflüssiger Brei ergibt, den man noch gut ausgießen kann. Diese Masse leeren wir vorsichtig in die mit Klötzen, Knetgummistegen oder Dosen vorbereitete Form. Sollte die angerührte Gipsmenge nicht ausreichen, so müssen wir sofort eine zweite Portion hinterhergießen. Die Gipsmasse sollte etwa einen halben Zentimeter über dem höchsten Model in der Gußform stehen. Die Gußform mit der eingefüllten Masse muß über Nacht stehenbleiben und gründlich aushärten!

Wenn die Gußform leicht geschrägte Seitenteile hatte, können wir sie am nächsten Morgen leicht vom ausgehärteten Gips entfernen. Die Knetgummistege und

Klötze oder Dosen werden herausgenommen und noch verbliebene Grate oder Unebenheiten mit einem Messer, einem Schraubenzieher oder grobem Schmirgelpapier nachgearbeitet, damit die Kammern und Gänge schön glatt sind.
Jetzt ist der Ameisengarten bezugsfertig!

Auf Ameisenjagd

Es gibt viele Ameisenarten, die sich als Besatzung für unseren Ameisengarten eignen. Man begegnet ihnen überall auf Wiesen, auf Ödland, in Gärten oder unter großen Steinen.

Eine größere Kolonie besteht aus Tausenden einzelner Ameisen, die emsig herumlaufen. Manche von ihnen tragen auch Larven oder Puppen. Mit einem feineren Malpinsel lesen wir einige dieser Tiere vorsichtig auf und tragen sie in einem Glas- oder Plastikgefäß nach Hause. Hier untersuchen wir in Ruhe die Beute, ob sich darunter auch eine Ameise befindet, die deutlich größer ist als die übrigen: Das ist die Königin.

Ohne Königin wird die Kolonie nicht lange überleben, wir müssen daher so lange suchen, bis wir eine gefunden haben.

Etwas schwierig ist es, die Ameisen in ihr neues Haus zu bringen. Am besten führt man diese Operation im Freien aus: Wir stellen den bezugsfertigen Ameisengarten mit seiner Abdeckscheibe so auf, daß nur die Futterkammer geöffnet ist (siehe Zeichnung Seite 62). Beim Umsetzen müssen wir sorgfältig darauf achten, daß die Königin auf

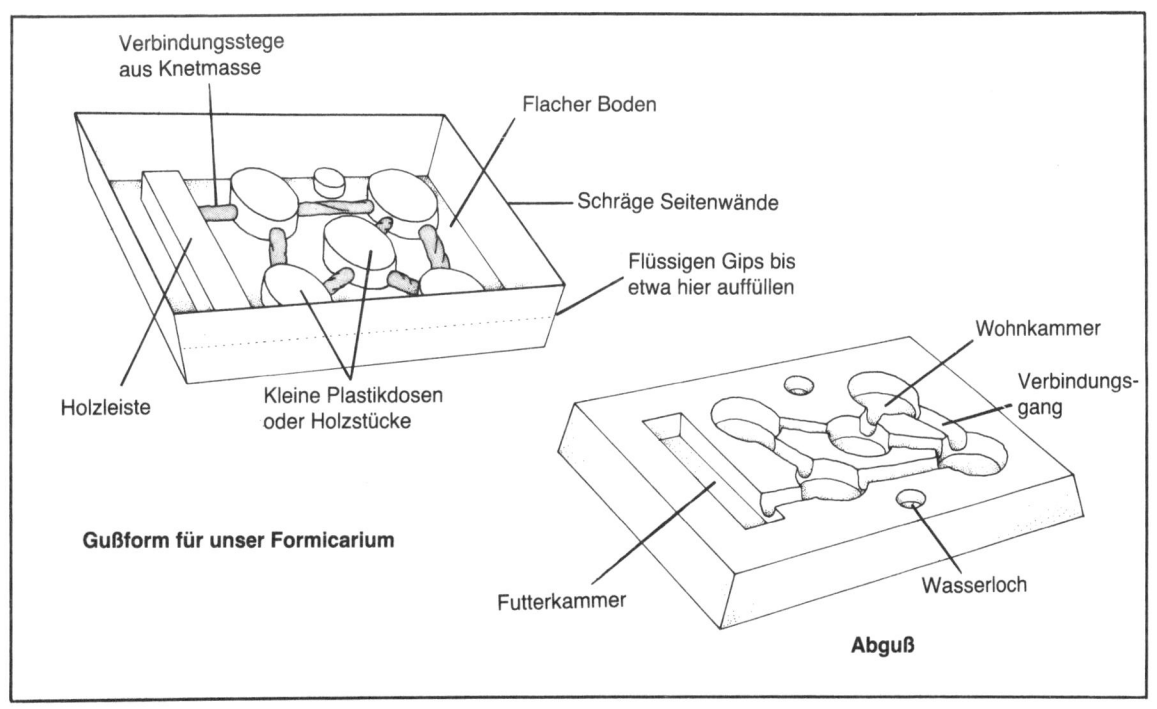

Verbindungsstege aus Knetmasse

Flacher Boden

Schräge Seitenwände

Flüssigen Gips bis etwa hier auffüllen

Holzleiste

Kleine Plastikdosen oder Holzstücke

Gußform für unser Formicarium

Wohnkammer

Verbindungsgang

Futterkammer

Wasserloch

Abguß

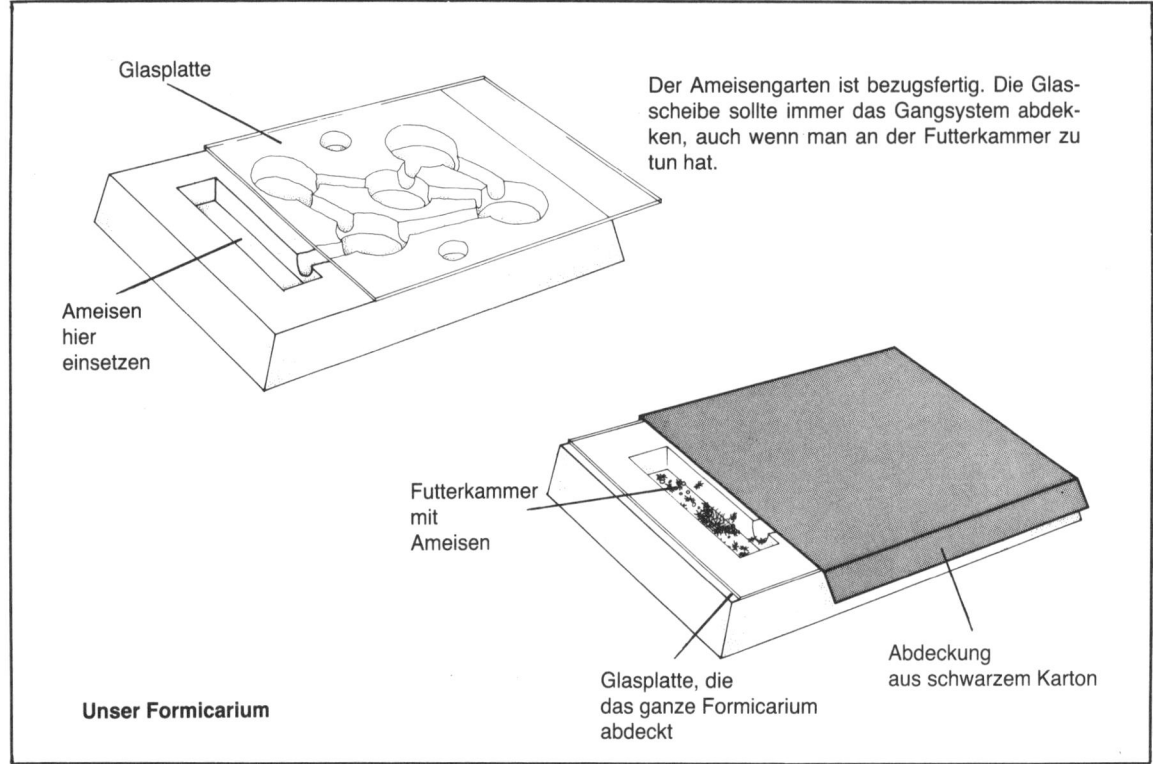

Glasplatte

Der Ameisengarten ist bezugsfertig. Die Glasscheibe sollte immer das Gangsystem abdecken, auch wenn man an der Futterkammer zu tun hat.

Ameisen
hier
einsetzen

Futterkammer
mit
Ameisen

Unser Formicarium

Glasplatte, die
das ganze Formicarium
abdeckt

Abdeckung
aus schwarzem Karton

jeden Fall mit in das neue Heim einzieht. Damit die Tiere sich in Ruhe an ihr neues Zuhause gewöhnen, decken wir das Formicarium mit dunklem Karton ab.

Die Versorgung der Ameisen

Bald nach ihrem Einzug werden die Ameisen damit beginnen, ihre Kolonie neu zu ordnen. Die dunkle Abdeckung sollte nur dann weggenommen werden, wenn wir die Ameisen unmittelbar beobachten möchten. Die Tiere sollten so wenig wie möglich gestört werden! Nur die Futterkammer bleibt im Hellen.

Die Ameisenburg muß stets etwas angefeuchtet werden. Dazu sind die beiden vom Gangsystem abgetrennten Kammern am Rand der Anlage da, in die wir ab und zu Wasser füllen müssen.

Bei allen Arbeiten am Ameisengarten wird der Glasdeckel nur vorsichtig geschoben, niemals angehoben. Andernfalls klettern die Ameisen sofort aus den Gängen und Kammern und werden zerdrückt, wenn die Glasscheibe wieder aufgelegt wird.

Mit dem Füttern warten wir immer so lange, bis die Futterkammer leer ist und sich gerade keine Ameise darin aufhält. Dann schieben wir die Glasplatte zur Seite und verstopfen den Verbindungsgang zum übrigen Ameisengarten mit einem Wattepfropfen. Jetzt können wir ungehindert die Futterkammer mit Nahrung füllen, z.B. kleine Raupen oder andere kleine Insekten. Wenn wir Blattläuse halten (Kapitel 4), legen wir einfach einen Pflanzenzweig mit saugenden Läusen in die Futterkammer. Es ist ganz interessant, die Lieblingsnahrung der Ameisen herauszufinden. Nach dem Füttern dürfen wir nicht vergessen, den Sperrpfropfen wieder zu entfernen und die Glasscheibe wieder vorsichtig zurückzuschieben!

Von Zeit zu Zeit muß die Futterkammer gesäubert werden, da die Ameisen Futterreste, leere Puppenhüllen oder auch tote Artgenossen dorthin bringen und auch nicht immer alles gefressen wird.

Ameisen sind soziale Insekten. Ihr Familienleben ist daher recht kompliziert. An unserem Ameisenvolk können wir eine Menge lernen: Wie die Tiere sich ernähren, wie sie sich um die Königin scharen, wie sie Eier, Larven und Puppen versorgen, wie sich aus Larven und Puppen schließlich erwachsene Ameisen entwickeln. Eine Ameisenkolonie ist auf jeden Fall eine aufregende Sache, die niemals langweilig wird!